旅する皇女　倭《やまと》姫《ひめの》命《みこと》

伊勢神宮のはじまり

伊勢神宮誕生の物語

倭姫命《やまとひめのみこと》の物語について

みなさんは伊勢神宮《いせじんぐう》を知っていますか。一度も訪れたことがない方でも、伊勢神宮という名称は耳にしたことがあるのではないでしょうか。

伊勢神宮の正式な名称は「神宮《じんぐう》」です。三重県東南部の旧国名の伊勢にあるため、昔から伊勢神宮、伊勢太神宮《いせだいじんぐう》などと呼ばれてきました。今でも、神宮や太神宮といえば、伊勢神宮のことなのです。

お近くの神社の境内で「太神宮」と刻んだ石碑を見かけたことはありませんか。それは江戸時代から今日まで、その神社の近所に住む氏子《うじこ》の人々が伊勢神宮にお参りした記念碑なのです。

伊勢神宮は、平安時代の終わり頃から、長年にわたって多くの人々の努力によって、全国的に信仰されるようになりました。そして江戸時代には「一生に一度はお伊勢参り」といわれるほど、伊勢参りは庶民のあこがれの的となり、多くの人々が伊勢参りをしました。その風習は日本の観光旅行の魁《さきがけ》ともいわれています。

さて、その伊勢神宮ですが、実は初めから伊勢にあったのではありません。祭神の天照大御神《あまてらすおおみかみ》の神体である御鏡《みかがみ》は、最初は神々の世界の高天原《たかあまのはら》にあり、大御神の御孫《みまご》がこの世界に来られた時にお持ちになりました。

その後、御鏡は大御神の御子孫が血統の証《あかし》としてお祀りをされていましたが、第十代天皇の崇神天皇《すじんてんのう》の時に、よりよい場所を求めて皇居を出て、第十一代垂仁天皇《すいにんてんのう》の時に伊勢に鎮まったのです。

その時に大いなる活躍をしたのが、天皇の娘である皇女《こうじょ》倭姫命です。

鎌倉時代にできたといわれる『倭姫命世記《やまとひめのみことせいき》』は、倭姫命という一人の皇女の一代記のスタイルを採《と》りながら、伊勢神宮がどのように伊勢の地にできたのかを伝える壮大な物語となっています。いわば倭姫命の伝記なのですが、『倭姫命世記』は倭姫命の成し遂げた偉業に視点を置いて、伊勢神宮誕生の物語としたのです。

倭姫命は、女性でありながら伊勢神宮の基礎を打ち立てるという偉業を成し遂げた方です。後で詳しく述べますが、これは天皇の血を受け継いだ女性であるからこそ達成できたことでした。

倭姫命は現実の歴史の人ではなく、まだ神話と現実が交わっている頃の人です。およそ二千年前の話です。

倭姫命は、祖父である崇神天皇と、父の垂仁天皇の願いにより、天皇の祖先神である天照大御神が鎮まる最も相応《ふさわ》しい土地を求めて旅に出ます。その旅は決して楽なものではなく、長く苦しい旅であったはずです。

倭姫命は、祖父と父の願いを叶《かな》えるため旅を続けます。途中立ち寄った場所で、土地の人々の協力や手厚い援助を受けながら旅は続きます。みな倭姫命の信念と勇気に心を動かされ、尊敬の念をいだいたに違いありません。

今日なら数時間で移動できる距離なのですが、大昔のことなので、たいへん長い時間がかかりました。多くの出会いを繰り返しながら、倭姫命は目的地の伊勢をめざします。そしてついに伊勢国の五十《い》鈴川上《すずかわかみ》にたどり着き、そこに大御神をお鎮めしました。そこが、今も日本人の心のふるさとと慕われる伊勢神宮なのです。

＊

『倭姫命世記』は、長い間秘密の書とされてきました。江戸時代になると、多くの人々によって読解が試みられ、そしてさまざまな評価がされてきました。

その中には、これを後世に創作された偽りの書とする説もありますが、私は『倭姫命世記』は、鎌倉時代頃にできたとしても、書かれている内容には、歴史的な事実が反映されていると考えています。

倭姫命の旅した地を巡行地と呼んでいます。巡行地を点に譬《たと》えると、点と点を結ぶ線にあたる旅の途中の様子は詳しく記されていません。これは各地に残された巡行の伝承を、後から集めて繋ぎ合わせてできた物語であるからと思われます。

もちろん古代の道と現代の道は必ずしも同じとは限りません。しかし、それほど大きくは変わっていないと思いますので、私は現在の道から古代の道をイメージしながら、物語の奥にある土地と土地との繋がりを探しだそうとしました。そのために新たな試みも少なからず含まれています。

例えば、旅の中で倭姫命の目に映ったであろう風景に思いを馳《は》せ、物語に重ね合わせて読み解こうと試みました。旅の目印となった山や川の様子はそれほど変わっていないと思えるのです。写真家の稲田美織さんにお願いして、倭姫命が目に映したであろう景色を撮影していただきました。全く同じ場所ではないかもしれませんが、物語にはない線の部分を稲田さんの写真で補った感じです。

まばゆい陽《ひ》の光、さやかな川の流れ、葉ずれを伴う風の音、青々と畳《たた》なづく山並みなど、おおよそ二千年前と変わらないと思われる自然の風景から、倭姫命と同じ視線で旅を再現しようとしたわけです。

ですから、『倭姫命世記』の歴史的評価や、元伊勢と称される各地に残る巡行地がどこなのかなどについては、他書に譲って詳しく触れませんでした。

令和五年(二〇二三)は、倭姫命を祭神としてお祀りする倭姫宮《やまとひめのみや》が、伊勢神宮の別宮《べつぐう》として、伊勢市倉田山《くらたやま》に鎮座してから百年を迎えました。それを記念してこの本を出版することにしました。残念ながら『倭姫命世記』が、広く普及して多くの人から認知されているとは言えません。現代語訳が付いた本も出されていますが専門書に属すため、なかなか一般の方が手に取る機会も少ないと思います。『倭姫命世記』は存在自体が余り知られていないのが実情です。遠い古代の物語なので、書かれていることが現代からかけ離れた難しい内容と避けられてしまうのかもしれません。もしそうであったら、それは非常に残念に思います。せっかく残された伝承があるのですから、それをもととして古代を身近に感じる機会を閉ざしてしまうのは、本当に惜しい気持ちでいっぱいです。

この本が『倭姫命世記』を多くの方に読んでいただくきっかけとなり、伊勢神宮の誕生をはじめ、日本の古代に関心を寄せられる方が増えることを願っています。

この本の執筆に際しては國學院大學名誉教授中村幸弘先生の御著『『倭姫命世記』研究―付訓と読解』（新典社研究叢書２３２）に多大なるお教えを戴きました。記して感謝申し上げます。

また『倭姫命世記』の新訳は中村先生の教えを受けた國學院大學准教授渡邉卓氏にお願いしました。「新訳」は、『倭姫命世記』にもとづき、理解しやすさを優先して現代語に改めました。神名・人名・地名などは『倭姫命世記』『古事記』『日本書紀』などによって表記が違うこともありますが、最も親しみやすいと思われる表記をひとつ選びました。ですから、『倭姫命世記』独特の表記も、『古事記』『日本書紀』の表記も混在しています。お読みいただく方が当惑されないよう、あえて出典による統一をしませんでした。神や天皇をアマテラス、スジンと片仮名で表記することも最近はよく見受けられますが、適切ではないと思われますので、省略せずに記しました。ただし、天照大御神については、大御神とだけ記したところもあります。大御神は、特別な事情がない限り、天照大御神のみを示す用語だからです。

さらに『倭姫命世記』には、天照大御神や倭姫命に対する敬語表現がとても多く見られますが、読みやすくするため省略しているところもあります。年代はすべて『倭姫命世記』によっています。

巡幸と巡行の区別について、天照大御神が主語の場合は巡幸または遷幸と幸の字を用い、皇女である倭姫命が主語の時には巡行や遷行を用いました。

神宮禰宜　石垣仁久
（神宮司庁　広報室長）

目次

倭姫命御巡行図

若狭湾
福井
京都
和歌山
伊吹山地
美濃
岐阜
伊久良河宮
14
坂田宮
13
琵琶湖
木曽川
中嶋宮
15
尾張
愛知
揖斐川
長良川
鈴鹿山脈
滋賀
16
桑名の野代宮
奈具波志忍山宮
伊勢平野
12
甲可の日雲宮
近江
伊勢湾
藤方片樋宮
17
11
敢都美恵宮
穴穂宮
10
伊賀
伊勢
佐佐波多宮
厳橿の本宮
佐佐牟江宮
18
9
隠の市守宮
8
笠縫邑
1
3
6
弥和の御室の峰の上つ宮
7
宇多の秋宮
五十鈴川
飯野の高宮
19
20
三重
伊蘇宮
21
奈尾之根宮
25
23
矢田宮
26
24
田上宮
櫛田川
宮川
22
瀧原宮
志摩
五十鈴の川上
大和
奈良

【御巡行年表】

崇神天皇六年	大和国の**笠縫邑**に神籬を定め、豊鍬入姫命にお祀りを行わせる			❶〈30〉
崇神天皇三九年	丹波国の**吉佐宮**	四年間	豊鍬入姫命	❷〈42〉
崇神天皇四三年	大和国の**厳橿の本宮**	八年間	豊鍬入姫命	❸〈42〉
崇神天皇五一年	紀伊国の**名草浜宮**	三年間	豊鍬入姫命	❹〈42〉
崇神天皇五四年	吉備国の**名方浜宮**	四年間	豊鍬入姫命	❺〈42〉
崇神天皇五八年	大和国の**弥和（三輪）の御室の峰の上つ宮**	二年間	豊鍬入姫命	❻〈43〉
崇神天皇六〇年	大和国の**宇多（莵田）の秋宮**	四年間	倭姫命	❼〈52〉
崇神天皇（六〇年）	大和国の**佐佐波多宮**		倭姫命	❽〈52〉
崇神天皇六四年	伊賀国の**隠（名張）の市守宮**	二年間	倭姫命	❾〈54〉
崇神天皇六六年	伊賀国の**穴穂宮**	四年間	倭姫命	❿〈54〉
垂仁天皇二年	伊賀国の**敢都美恵宮**	二年間	倭姫命	⓫〈64〉
垂仁天皇四年	淡海国の**甲可の日雲宮**	四年間	倭姫命	⓬〈64〉
垂仁天皇八年	淡海国の**坂田宮**	二年間	倭姫命	⓭〈64〉
垂仁天皇十年	美濃国の**伊久良河宮**	四年間	倭姫命	⓮〈64〉
垂仁天皇十四年	尾張国の**中嶋宮**		倭姫命	⓯〈64〉
垂仁天皇十四年	伊勢国の**桑名の野代宮**	四年間	倭姫命	⓰〈72〉
垂仁天皇（十四年）	鈴鹿国の**奈具波志忍山宮**	四年間	倭姫命	⓱〈73〉
垂仁天皇十八年	阿佐加の**藤方片樋宮**	四年間	倭姫命	⓲〈78〉
垂仁天皇二二年	**飯野の高宮**	四年間	倭姫命	⓳〈88〉
垂仁天皇（二二年）	**佐佐牟江宮**	四年間	倭姫命	⓴〈90〉
垂仁天皇二五年三月	**伊蘇宮**		倭姫命	㉑〈91〉
垂仁天皇（二五年）	**瀧原宮**		倭姫命	㉒〈93〉
垂仁天皇（二五年）	**矢田宮**		倭姫命	㉓〈108〉
垂仁天皇（二五年）	**家田の田上宮**		倭姫命	㉔〈108〉
垂仁天皇（二五年）	**奈尾之根宮**		倭姫命	㉕〈118〉
垂仁天皇二六年十月	天照大御神を度会の**五十鈴の川上**に遷し奉る		倭姫命	㉖〈128〉

※（　）の年数は『倭姫命世記』に明記されていないため、文脈からの類推及び『神宮史年表』を参照しています。
※〈　〉数字は掲載頁

倭姫命の系図

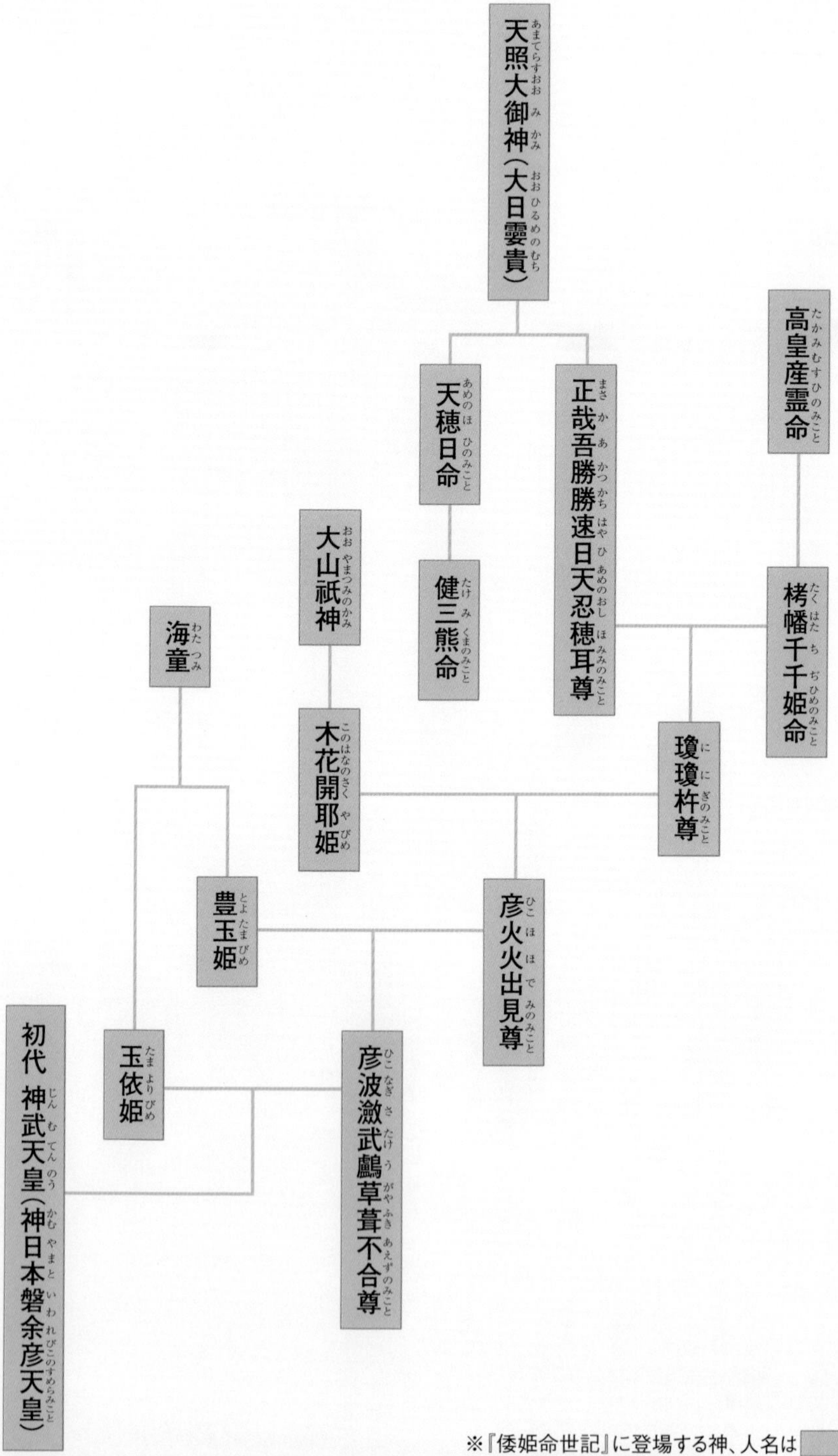

※『倭姫命世記』に登場する神、人名は　　で囲った。
その他は『日本書紀』より補った。

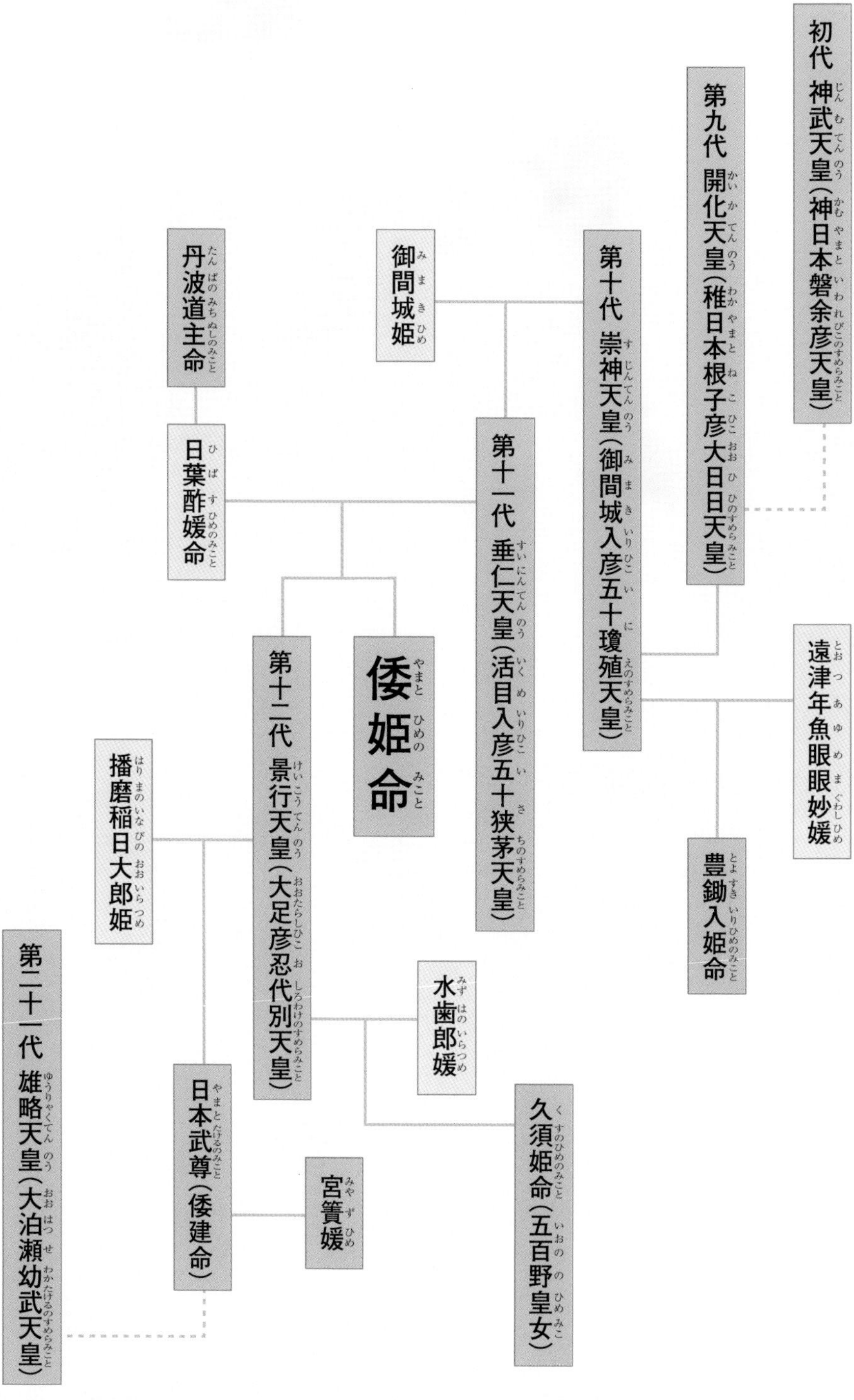
初代 神武天皇《じんむてんのう》（神日本磐余彦天皇《かむやまといわれびこのすめらみこと》）
第九代 開化天皇《かいかてんのう》（稚日本根子彦大日日天皇《わかやまとねこひこおおひひのすめらみこと》）
第十代 崇神天皇《すじんてんのう》（御間城入彦五十瓊殖天皇《みまきいりひこいにえのすめらみこと》）
遠津年魚眼眼妙媛《とおつあゆめまぐわしひめ》
豊鋤入姫命《とよすきいりひめのみこと》
御間城姫《みまきひめ》
第十一代 垂仁天皇《すいにんてんのう》（活目入彦五十狭茅天皇《いくめいりひこいさちのすめらみこと》）
丹波道主命《たんばのみちぬしのみこと》
日葉酢媛命《ひばすひめのみこと》
倭姫命《やまとひめのみこと》
第十二代 景行天皇《けいこうてんのう》（大足彦忍代別天皇《おおたらしひこおしろわけのすめらみこと》）
水歯郎媛《みずはのいらつめ》
久須姫命《くすのひめのみこと》（五百野皇女《いおののひめみこ》）
播磨稲日大郎姫《はりまのいなびのおおいらつめ》
日本武尊《やまとたけるのみこと》（倭建命）
宮簀媛《みやずひめ》
第二十一代 雄略天皇《ゆうりゃくてんのう》（大泊瀬幼武天皇《おおはつせわかたけるのすめらみこと》）

三輪山の日の出

三輪山と桜

神宝《しんぽう》日《ひ》いでます時

天と地が初めて分かれ、神宝の鏡と一体である太陽が現れたとき、食物の神で外宮《げくう》の祭神である**豊受大神《とようけのおおかみ》（御饌都神《みけつかみ》）**と、偉大な女神で内宮《ないくう》の祭神である**天照大御神《あまてらすおおみかみ》（大日孁貴《おおひるめのむち》）**は、永遠に天の下を治めようと密《ひそ》かな約束を交わすと、互いに祝福をしました。

まるで月や日のように天にとどまり、地上に落ちることなく輝き照らしました。神々の子孫は、ときに神となり天皇となり、天地と同じように永遠に続いてきました。

二神は、明るく美しく輝き、国の隅々を照らしながら、高天原《たかあまのはら》で八百万《やおよろず》の神々をお集めになって、おっしゃいました。

「大葦原《おおあしはら》の千五百秋《ちいほあき》の瑞穂《みずほ》の国（日本）は、私の子孫が君主となるべきところです。だから安らかな国として、天より降《くだ》って治められるようにし

【豊受大神】食物の神。天照大御神の食事を司る。伊勢神宮の外宮に祀られている。『古事記』では豊宇気毘売神と表記される。和久産巣日神（わくむすびのかみ）の子。

【天照大御神】記紀（『古事記』『日本書紀』）において高天原を統治する神。伊勢神宮内宮に祀られる。原書『倭姫命世記』や『日本書紀』では「天照大神」、『古事記』では「天照大御神」と記されるが、本書では一般的な表記に従い、「天照大御神」で統一した。

【大葦原の千五百秋の瑞穂の国】「葦原の瑞穂の国」は日本国土の呼称。「千五百秋」は長い年月を示す。

てほしいのです」

このとき、まだ瑞穂の国には荒々しい神々が住んでいました。天の神々は考えを巡らせ、天から神を遣わし、安らかにしようと試みました。

はじめに**天穂日命**《あめのほひのみこと》が天から派遣されましたが、国の状況をきちんと報告しませんでした。次の**健三熊命**《たけみくまのみこと》も、父の**天穂日命**と同じく報告しませんでした。続いて、**天稚彦**《あめわかひこ》も報告することはなく、高津鳥《たかつとり》の災いによって、たちまちに亡くなってしまいました。

そこで、天の神の仰せによって、神々がさらにご相談になって、**経津主命**《ふつぬしのみこと》と**建御雷命**《たけみかづちのみこと》の二神が派遣されました。この二神は瑞穂の国に到着すると、そこに住む**大己貴神**《おおなむちのかみ》**（大国主神**《おおくにぬしのかみ》**）**と、その子である**事代主神**《ことしろぬしのかみ》に語りかけ、**大己貴神**が持っていた大きくきらびやかな矛を手に入れたのでした。

これによって、荒々しい神たちを次々に追い払うことに成功し、高天原が安らかになったことを報告しました。

【天穂日命】天照大御神の次男。地上世界を平定するために遣わされた。

【健三熊命】天穂日命の子。同じく地上世界平定のため遣わされた。

【天稚彦】地上世界平定のため遣わされた神。天若日子とも表記される。

【高津鳥の災い】「高津鳥」とは天の鳥のこと。「高津鳥の災い」とは天災を指す。

【経津主命】刀剣の神。香取（かとり）神宮の祭神。

【建御雷命】雷神・刀剣の神。中臣（なかとみ）氏が祭る神。

【大己貴神】大国主神（おおくにぬしのかみ）の別名。記紀では地上世界に葦原中国（あしはらのなかつくに）を作り、のちに天孫に譲った。

【事代主神】大己貴神の子。記紀では、高天原の使者に国を譲ると返答した。

こうして、**天照大御神**は八坂瓊《やさかに》の曲玉《まがたま》、八咫《やた》の鏡《かがみ》、草薙剣《くさなぎのつるぎ》という三種の神宝を子孫に授けると、「これらを天の証拠として持って行きなさい。また鏡を御覧になるときは私を見るものと思いなさい。そして、鏡と同じ御殿で暮らし、祭祀の鏡とするのです。私の子孫が栄えることは、天地とともに限りないことでしょう」と、おっしゃいました。

これをうけて、**天照大御神**の孫である**瓊瓊杵尊**《ににぎのみこと》と、お供の**天児屋命**《あめのこやねのみこと》は、罪、穢《けが》れを祓《はら》い清めて祝詞《のりと》を奏上しました。また**太玉命**《ふとだまのみこと》は神に供える青和幣《あおにぎて》と白和幣《しらにぎて》という立派な布を捧《ささ》げ持ち、**天牟羅雲命**《あめのむらくものみこと》は神に捧げる太く素晴らしい玉串を持ちました。さらにお供として三十二の神々が、**瓊瓊杵尊**の前後にお仕えしました。

そして、天の関所を開き、幾重もの雲を押しわけて進み、筑紫国《つくしのくに》の日《ひ》向《むか》の高千穂《たかちほ》の槵触峰《くしふるみね》に降臨なさいました。このとき、まだ天と地はそれほど遠くはありませんでした。

正哉吾勝勝速日天忍穂耳尊《まさかあかつかちはやひあめのおしほみみのみこと》と、**高皇産霊尊**《たかみむすひのみこと》の娘で

【三種の神宝】三種の神器のこと。皇位のしるしとして、代々の天皇が伝承する。

【瓊瓊杵尊】天照大御神の孫。天孫。高天原から降り、地上の世界・葦原中国を治めた。

【天児屋命】中臣（なかとみ）氏の祖先神とされる。天孫降臨に従った。

【祝詞】神前に奏上することば。

【太玉命】忌部（いんべ）氏の祖先神とされる。天孫降臨に従った。

【青和幣・白和幣】榊（さかき）の枝に掛け、神前に捧げる麻や楮（こうぞ）で織った布のこと。色味から、麻布で作ったものを「青和幣」、楮や木綿で作ったものを「白和幣」という。

【天牟羅雲命】記紀に登場しない神。伊勢神宮の外宮に代々奉仕した度会（わたらい）神主の遠祖ともいわれる。

【正哉吾勝勝速日天忍穂耳尊】天照大御神の子。天照大御神と素戔嗚尊（すさのおのみこと）の誓約で生まれた。

【高皇産霊尊】記紀にみえる神。最初に高天原に現れた「造化三神（ぞうかのさんしん）」のうちの一神。

ある**栲幡千千姫命**《たくはたちぢひめのみこと》の子が**瓊瓊杵尊**です。

その**瓊瓊杵尊**と**大山祇神**《おおやまつみのかみ》の娘である**木花開耶姫**《このはなのさくやびめ》の子が**彦火火出見尊**《ひこほほでみのみこと》です。**彦火火出見尊**と**海童**《わたつみ》の娘である**豊玉姫**《とよたまびめ》の子が、**彦波瀲武鸕草葺不合尊**《ひこなぎさたけうがやふきあえずのみこと》です。この神々が天下を治めました。

彦波瀲武鸕草葺不合尊と**海童**の娘である**玉依姫**《たまよりびめ》の子が、**神日本磐余彦天皇**《かむやまといわれびこのすめらみこと》(**神武天皇**《じんむてんのう》)です。この天皇が天下を治めました。

天皇は、生まれながらに聡明《そうめい》でした。

十五歳で皇太子になり、四十五歳のときには多くの兄弟や子供たちに、「その昔、私の先祖である**瓊瓊杵尊**は天から降ってきて、この地に到着された。ちょうどこのとき、世の中は乱れており、正しい方向へと導くため西の方を治められた。ご先祖は、徳が高く良い行いをして、多くの年数を過ごされたのだ」とおっしゃいました。

【栲幡千千姫命】記紀にみえる神。伊勢神宮内宮の相殿神（あいどのかみ）として祀られている。

【大山祇神】山の神。全国の大山祇（おおやまつみ）神社の祭神として知られる。

【木花開耶姫】記紀に登場する女神。記紀によれば、美しい容姿をしていたため瓊瓊杵尊に見そめられて結婚した。

【彦火火出見尊】瓊瓊杵尊の子。「海幸山幸」神話の山幸。

【海童】記紀にみえる海の神。「わた」は海の古語。綿津見神、海神とも。

【豊玉姫】記紀に登場する女神。

【彦波瀲武鸕草葺不合尊】彦火火出見尊の子。神武天皇の父。

【玉依姫】記紀に登場する女神。豊玉姫の妹。

【神武天皇】記紀に第一代と伝えられる天皇。

天皇は即位すると、大勢のお子様や軍勢を率いて、東にある大和国《やまとのくに》（奈良県）を目指しました。

大和国に到着すると橿原《かしはら》に都を定め宮殿を建て、天の証拠である剣と鏡とをお祀りしました。

それ以降は、御子孫である**稚日本根子彦大日日天皇《わかやまとねこひこおおひひのすめらみこと》（開化天皇《かいかてんのう》）**まで九代の天皇が天下を治めました。

このときは、まだ天皇と神との関係は近く、同じ建物にいらっしゃいました。

【開化天皇】記紀に第九代と伝えられる天皇。

【一】世界の始まりと太陽の出現［解説］

最初に天地が分かれ、その後に太陽が出現した

世界中の神話の多くは、私たちが生きているこの世界の誕生から書き出されています。この物語も同様です。ただ、たいへん難しい内容なので、ここで読むことを断念してしまう人も多いかもしれません。しかしこの部分を飛ばして読んでも、ストーリーとしては大きな影響はないので大丈夫です。

伊勢神宮誕生の物語なので、最初に伊勢神宮に内宮《ないくう》と外宮《げくう》がある理由を示しているのです。

日本の神話では、最初に天と地が分かれます。この物語では、その時に太陽が出現しています。そして、御饌《みけ》都神《つかみ》と大日孁貴神《おおひるめむちのかみ》、後に外宮と内宮に祀《まつ》られる神となる二神の間に、太陽が出現する前に神秘的な約束があったことを説いています。

その約束により、二神が永遠にこの世界を治めることになり、それを宣言した二神の祝福の言葉もありました。原文では祝福を「言寿《ことほ》ぎ」と言っています。言をほぐとは、言葉の力でよい結果を導くために祝いのことばを述べることです。ことほぐが少し変化してことふくとなり、ことぶき（寿）になったのです。ですから、ことぶきとは、お正月や結婚式などでお祝いを述べ、良い結果をもたらすことばの力のことです。その始まりが、世界の始まりにおける神々の祝福の言葉であるとする考えは、たいへんすてきなことだと思います。

天地が開けるということは、もともと天地は一つで、それが二つに分かれることで、その中間に私たちが住む世界が開けたのです（このことを天地開闢《てんちかいびゃく》と言います）。天地が分かれて世界が開けることは、『古事記《こじき》』や『日本書紀《にほんしょき》』（以下記紀と記します）などとも同じで、何も無いところから世界ができたのではなく、世界の素《もと》となる何か（物種《ものざね》といいます）がすでに存在していたことを想定しています。

西洋的な考え方では、人を超越した創造主が、無から万物を創り出しますが、日本の神道では、初めに天地とい

う種子があり、そこから芽が出て花や実をつけるように世界が形成されます。そのことが予《あらかじ》めプログラムされていたかのようなステップを踏んで世界が形づくられてゆくのです。

この物語が記紀と大きく異なっているのは、天地が分かれた後に、神の宝である太陽が出現していることです。ここが記紀には見られない特徴といえます。まるで映画『２００１年宇宙の旅』で使われたリヒャルト・シュトラウスの交響詩「ツァラトゥストラはかく語りき」の初めの部分が聞こえてきそうな場面です（譬《たと》えが古すぎて理解できなかったらすみません）。

さらに、その時に食物の神と、太陽の神が、人には思いもつかないほど神秘的な約束をして（これを幽契《ゆうけい》と呼びます）、それによって世界が永遠なものとなっています。

この二神の言寿ぎの言葉こそが最も重要なファクターなのですが、残念ながら伝わっていません。なぜ重要な事柄が伝わらなかったのか、それには訳があると思います。

神話は、核心となる重要な部分は、限られた人にしか伝えられないものでした。神の言葉は、物語の最も重要なエッセンスですので、限られた人以外は内容を知らず、神話を文字で記録する時代には、すでに神の言葉は失われてしまったのでしょう。

この物語でも二神の祝福の言葉は失われていますが、内容はおおよそ復元することができます。この続きを読むと、二神は、「まるで月や日のように天にとどまり、地上に落ちることなく輝き照らしました。神々の子孫は、ときに神となり天皇となり、天地と同じように永遠に続いていきました」とあります。

つまり、ここでは天地が開けてから日本の国の形ができあがっていくプロセスを語っており、そのプロセスは二神の約束に基づいていると読み取れるのです。それこそが世界の誕生から現在に至っている神が定めたプログラムであり、それをことばにしたものが二神の言寿ぎであったと考えられるのです。

この部分は、短い文ながら大切なことを多く語っています。天地が開けて、最初に登場するのが御饌都神《みけつかみ》です。この神は、天照大御神《あまてらすおおみかみ》に御撰という食事を供える神のことで、伊勢神宮の外宮に祀られている豊受大神《とようけのおおかみ》のことにちがいありません。

続いて大日孁貴神が登場しますが、これは天照大御神の別名とされます。この部分は順番が逆転していて、太陽が先に出現し、食物が後なのが自然な流れです。伊勢神宮でも天照大御神が先に鎮座してから豊受大神が鎮座しています。順序が入れ代わっているのは、この物語が、外宮神主の度会《わたらい》氏が、各地に残る倭姫命遷行の伝承を集めて、それらを紡いでひとつのストーリーにしたものだからなのです。

倭姫命《やまとひめのみこと》が主人公の形を採っていますが、それを語ることによって、度会氏の先祖が倭姫命にお仕えして、伊勢神宮誕生にどのような功績があったのかを語る構成となっているのです。そのような理由から、外宮の祭神を先に登場させたと考えられます。二神が宣言した祝福のことばもあったとしていることも、記紀には見られない大きな特徴です。食物と太陽は、ともに人が生きてゆくために絶対に欠かせないものなので、世界の誕生に先駆けて登場していると考えられます。

ここでも西洋の考えとは異なる面が見られます。西洋的な考えでは、神は唯一で全知全能なのですが、日本の神は、唯一の存在ではなく、また全知全能でもありません。

御饌都神と大日孁貴神（つまり豊受大神と天照大御神）が、約束によって天上では月と日になり、地上では神と天皇になり、お互いに助け合っているのです。月は日を必要とし、日もまた月を必要とする、互いに存在を欠くことができない関係であることを示しています。

多くの事が互いに助け合い、その結果として世界が成り立っているとするのが神道の考え方です。大自然は水や空気の循環で成り立っています。月と日が交互にめぐるから夜と昼があり、その循環の中で、あらゆる生命が育まれています。決して唯一の存在が総《すべ》てをコントロールしているのではないという考え方は、日本の風土が生み出したにちがいありません。

あらゆるものに感謝をするのが神道の基本です。もしかすると、それが持続可能で平穏な世界を維持する一助となるように思います。

大日孁貴神が日となったのはその名前が示しているように、大日孁貴神は日神《ひのかみ》に仕える巫女《みこ》であるからです。大日孁貴神を現代風に言い換えると、偉大な日神に仕える尊貴なる巫女の神となります。日神である天照大御神に仕える巫女が大日孁貴神の本来の名前だったのでしょう。そこに天照大御神の存在が投影され、巫女と大御神がオーバーラップしていると考えられています。

大日孁貴神は太陽を象徴する神であることは疑いがないので、一方の御饌都神が対をなす月となる訳です。ここでも通常は日月の順で登場するのでしょうが、月日と順が逆転しているのは編集者が度会氏だからでしょう。

この物語は、天地が開けたことから、しばらく神々の世界の話が続き、やがて初代の天皇を経て、第十代崇神天《すじんてん》皇《のう》の時代に続いてゆきます。ここまでが物語のプロローグで、次の章から伊勢神宮誕生の物語がはじまるのです。

三輪山

三輪山

笠縫邑《かさぬいむら》の神籬《ひもろぎ》

第十代の**御間城入彦五十瓊殖天皇**《みまきいりひこいにえのすめらみこと》**（崇神天皇**《すじんてんのう》**）**が即位されて六年目の九月のこと、天皇は大和国《やまとのくに》の笠縫邑にいらっしゃって、神聖な場所として神籬を定めると、神宝の鏡と同体である**天照大御神**《あまてらすおおみかみ》と、草薙《くさなぎ》の剣を宮殿からお遷《うつ》しになりました。

そして、内親王の**豊鍬入姫命**《とよすきいりひめのみこと》に命じられてお祀《まつ》りを行わせました。その日の夕方には、宮廷の人々が参上し、夜を徹して宴会を開き、歌や舞に興じたのでした。

その後に**天照大御神**のお告げにしたがって、新たな皇居の場所を国内に求めました。この天皇より以前の九代の天皇たちは、**天照大御神**（神鏡）と同じ御殿で暮らしていましたが、だんだんと神威に畏れ多くなり、同じ建物のなかに暮らすことは穏やか

【崇神天皇】記紀に第十代と伝えられる天皇。記紀によれば、疫病を鎮めるため神々の祭祀を行い、辺境の地に将軍を派遣し大和朝廷の勢力を広めたとされる。

【神籬】神を祀る際、清浄の地を選んで、周囲に常緑の常磐木（ときわぎ）を植えて神座としたもの。

【豊鍬入姫命】崇神天皇の皇女。母は、紀伊国（和歌山）の国造・荒河戸畔（あらかわとべ）の娘・遠津年魚眼眼妙媛（とおつあゆめまぐわしひめ）。それまで宮殿内に祀られていた天照大御神を笠縫邑に遷した。

ではなくなっていたのです。

そこで斎部氏《いんべうじ》に命じて、**石凝姥神**《いしこりどめのかみ》の末裔《まつえい》と**天目一箇神**《あめのまひとつのかみ》の末裔を率いて、鏡と剣とを鋳造して、天皇の御身を守る神器とされました。

現在、これが皇位継承の儀式の日に、天皇に差し上げられる鏡と剣になります。

【斎部】祭祀をつかさどった一族。

【石凝姥神】天孫降臨に従った。鏡作部（かがみつくりべ）の遠祖とされる。

【天目一箇神】眼が一つの神。金工・鍛冶の遠祖とされる。

はじまりは崇神天皇《すじんてんのう》の時代、奈良盆地、三輪山《みわ》麓

この物語は、読み進めて行くと、徐々に話の内容が詳しくなります。伝承は古いほど少なく、新しいほど詳しくなるのは当然ですが、そのことは、この物語が倭姫命《やまとひめのみこと》巡行に関わる伝承を集めて、地理的な条件と年代順を考えて配列されたことを物語っているようです。筆者はそのあたりに、この物語は編集者の手が余り加えられずに、古い話の形がそのまま残っているのだろうと感じているのです。

物語のはじまりは、第十代崇神天皇の時代、舞台は奈良盆地の東南隅、三輪山麓の磯城瑞籬宮《しきのみずがきのみや》です。

第十代崇神天皇は、初代神武天皇《じんむてんのう》と共に、「初めて国を治めた天皇」といわれ、建国の英雄とされる天皇です。神武天皇によって建国された日本は、崇神天皇の時代に大いに発展を遂げたのでしょう。ここでも、天地開闢《てんちかいびゃく》と同じように、神武天皇という種から芽が出て、崇神天皇という花が咲くような段階を経る、日本の神話の特徴が見られます。崇神天皇の時代を『古事記』は、「天《あめ》の下《した》太平《たひ》らかに、人民《おほみたから》冨《と》み栄《さか》ゆ」と記し、天皇を称えて「初国知《はつくにし》らしし御真木天皇《みまきすめらみこと》と謂ふ」と伝えています。

この時は主人公の倭姫命がまだ登場しない前段階のお話です。物語は古代、混沌《こんとん》とした国家存亡の危機から始まります。

崇神天皇の時代はおよそ六十年に及びますが、その前半は国内が非常に乱れていました。『日本書紀』によると、崇神天皇即位から五年目に疫病が蔓延《まんえん》し、国民の半分が死んでしまいます。人々は住処《すみか》を離れて流浪し、中には天皇に背く者さえ現れます。その状況は天皇の徳をもっても鎮められず、天皇は朝早くから夕方まで神々に祈りを捧げました。崇神天皇は次の二つの政策を実行するのですが、その第一の政策が、この物語の発端となります。

第一の政策は、天皇のお住まいにお祀りされていた天照大御神《あまてらすおおみかみ》と倭大国魂神《やまとのおおくにたまのかみ》を、二人の皇女に託して、他所

で祀らせたことです。

天照大御神と倭大国魂神を宮殿から遷《うつ》したことは、天照大御神と倭大国魂神を祀る形態が、それぞれ変更になったことを伝えているようです。それまでは天皇のプライベートな祭りとして、天皇の御殿で祀られてきた二神が、公の祭りを行うために御殿の外に出たのです。これは天照大御神が、天皇が私的に祀る神から、国家が祀る公の神へ、倭大国魂神が大和国《やまとのくに》が祀る神への移行で、崇神天皇の時に、神祇祭祀《じんぎさいし》などの国家制度が整ってきたプロセスを物語っているのでしょう。倭大国魂神は大和の国魂神なので大和国内に留まりますが、天照大御神にはそのような制約がないので、大和国を出ることが可能だったのです。

まず天照大御神は豊鍬入姫命《とよすきいりひめのみこと》に任せて、次に倭大国魂神は渟名城入姫命《ぬなきいりひめのみこと》に任せて、それぞれの神を別々に宮殿の外に遷してお祀りさせます。この時渟名城入姫命は、神の威力に耐えられず、髪が抜け落ちてしまい、祀ることができなかったといいますので、天皇以外の者が、この二神をお祀りすることがどれほどたいへんな事であったかが窺えます。

第二の政策は崇神天皇が、神浅茅原《かむあさじはら》という所に、日本中の神々を集めて行った占いです。この時、第七代孝霊天皇《こうれいてんのう》皇女の倭迹迹日百襲姫命《やまとととひももそひめのみこと》に神が憑依《ひょうい》して、「天皇は何故《なにゆえ》国が治まらないことを憂えているのか。われを崇めて祀れば、必ず国は穏やかになるだろう」とお告げを下します。天皇がその神に名を問うと、「倭の国の境《さかい》の内にいる神で、大物主神《おおものぬしのかみ》という」と答えました。

大物主神のお告げを取り持った倭迹迹日百襲姫命は、その後大物主神の妻となります。三輪山のすぐ近くに倭迹迹日百襲姫命の墓と伝わるこんもりとした古墳があります。筆者が初めてこの古墳と三輪山の姿を併せ見た時、風は太古から何も変わっていない、今吹いている風が、古代人も感じた風と同じように思え、ことばには表せない感動がありました。今でも目を閉じて、耳を塞いでそこに立つと、風だけが感じられ、古代へと心がすいこまれて行くような気持ちになります。

天皇はお告げに従い、大物主神を祀りますが状況は何も変わりません。その理由を神に問うと、大物主神の子孫の大田田根子《おおたたねこ》という人に祀らせよと告げます。天皇はそれに従います。

それとは別に、天皇は、皇女の淳名城入姫命がお祀りできなくなった倭大国魂神を、市磯長尾市《いちしのながおち》という人に祀らせることにします。そして日本中の神社を整備し、それぞれ天つ社と国つ社に指定して、国中の神々を敬いました。すると、国は秩序を回復して平穏となり、五穀豊穣にも恵まれ、国民は豊かになりました。

この部分を『古事記』などは大田田根子が三輪山の神主《かんぬし》になったとしているので、大物主神が祀られたのは三輪山だったのでしょう。三輪山の秀麗な山容は大和を象徴するほどで、国を救って下さる神を祀るのに最も相応《ふさわ》しい場所と言えます。そこは大和国一宮《やまとのくにいちのみや》三輪《みわ》明神《みょうじん》（大神《おおみわ》神社）となって、現在も多くの人々が参拝します。

崇神天皇によって大物主神が三輪山に祀られた後、物心共に豊かとなった人々が、神酒《みき》を造って祭りが行われ、歌を贈答する様子が『日本書紀』に記されています。

此の神酒はわが神酒ならず倭《やまと》なす大物主《おおものぬし》の醸《か》みし神酒　幾久《いくひさ》　幾久

（大意）この御神酒は私が造ったのではありません。倭をつくられた大物主神が醸された御神酒なのです。
永遠に、永遠に栄えますように。

醸造を担った酒人が立派にできあがった神酒を褒め称《たた》えて歌うと、同席していた諸大夫たちが次のような歌で応じます。

味酒《うまさけ》三輪の殿《との》の朝門《あさと》にも出《いで》て行《ゆ》かな三輪《みわ》の門《と》を

（大意）立派なお酒で高名な三輪山の御殿の門は、夜通し飲んで、朝に門を出て行こう。お酒の神の三輪山の門であるのだから。

崇神天皇も直々に次の歌でそれに応じます。

味酒三輪の殿の朝門にも押《お》し開《ひら》かね三輪の殿門《とのと》を

（大意）立派なお酒で高名な三輪山の御殿の門は、夜通し飲んで朝になったら門を押し開こう。お酒で有名な三輪山の御殿の門なのだから。

長い間苦しめられた疫病が終熄《しゅうそく》し、国内が安定したことを神のおかげと感謝を捧げ、天皇をはじめ、君臣で酒を酌み交わして喜びを共にする宴《うたげ》の様子が、直に伝わってくる歌のやりとりです。この酒は自分の酒ではなく、神の酒とすることは、古代において酒を褒める決まり事だったようです。主食の米と、水と麹だけで酒ができるのですから、そこに神秘な神の力を感じていたにちがいありません。

崇神天皇が営んだ都は三輪山の麓にあり、磯城瑞籬宮と呼ばれました。都の眼前にそびえる三輪山に鎮まる大物主神は、力ある新しい神、都の守護神として、誰もがひれ伏すような大いなる存在であったはずです。神は目に見えない存在なので、三輪山がその役割を視覚的に担ったのです。それはまるで平城京の大仏殿のように、平安京の比叡山《ひえいざん》のように、鎌倉の八幡宮のように、東京の明治神宮のように、我が国の首都守護を象徴する存在です。新しい時代には新しい神が求められることのよい例です。

大物主神は、一説では皇室と直接血縁はなく、一説に大国主神《おおくにぬしのかみ》の別名とされます。出雲系の神を、都の目の前の三輪山に天皇が直接祀ることで、乱れていた国内が平穏になったのです。これは、天皇が皇室の祖神と同じように、国中の神々、特に在来の国つ神を祀ることによって、地方の豪族は天皇に従い、国内に平和と安定がもたらされたことを示しているのでしょう。その神の代表が大物主神であった訳です。

さて、崇神天皇の皇女豊鋤入姫命に託された天照大御神は皇居を出て、はじめに倭の笠縫邑《かさぬいむら》という場所に磯堅《しかた》城《き》の神籬《ひもろぎ》を立てて祀られました。磯堅城の神籬とは、堅固な神の依りましのことです。依りましとは、依代《よりしろ》ともいい、神が宿る神聖な樹木や岩石、または鏡や剣などのことで、ここでは石造りの立派な垣で囲まれた依りましという意味です。

倭の笠縫邑が現在のどこなのかは、時が経ち過ぎてわからなくなってしまいました。いくつかある候補地の中に、三輪山と峰続きの檜原《ひばら》があります。神は最も良い土地にこそ祀られるもので、良い土地とは私たちにも何となくわかるものです。大神神社から山辺に北へ一キロほど行くと大神神社の摂社《せっしゃ》檜原神社があります。そこが笠縫邑なのか筆者にはわかりませんが、豊鍬入姫命に思いを馳《は》せて佇んでいると、陽《ひ》の当たり具合や風の吹き方など、古代から変わらない何かが心にしみ入ってきます。倭の笠縫邑とは、このような場所だったのだろうと思います。

天照大御神を都の外で祀ることについて、『古事記』は、「妹豊鉏比売命《いもとよすきいりひめのみこと》は伊勢の大神の宮を拝《いつ》き祭《まつ》りたまふ」とのみ記し、あまり詳しく述べていませんが、いずれにしても、これは天照大御神が天孫降臨以来、天皇と共にした御殿を出て、都の外で祀られる起源でありました。

先にも記したように、このことは、天照大御神の祭りが、天皇の私事から、国の公事へと発展したことの表れです。皇女を天照大御神につけているのは、古代、神の意志を伝えることができたのは、その神と血縁関係にある氏族の特定の女性であったことによるのです。

一族の長の娘が、祖神の近くで仕えることは、古代では当然のことであったのです。この関係は後に斎王《さいおう》（斎内親王《いつきのひめみこ》）といって、天皇一代に一人の未婚の皇女を伊勢神宮に仕えさせる制度につながっていきます。

この一件は、祭政分離《さいせいぶんり》といい、それまで一体であった祭事《まつりごと》（祭祀《さいし》）と、政事《まつりごと》（政治《せいじ》）が分かれてゆく様子を伝えていて、天皇が神のことばを聞いて行う政治から、群臣のことばを聞く政治へ移行する過渡期の様子が投影されているものと考えられます。

檜原神社からの夕日

京丹後の棚田と夕日

【三】豊受大神と丹波国［新訳］

御饗《みあえ》奉る神の出現

崇神天皇《すじんてんのう》三十九年に、豊鋤入姫命《とよすきいりひめのみこと》は丹波国《たんばのくに》（京都府・兵庫県）の吉佐宮《よさのみや》に天照大御神《あまてらすおおみかみ》をお遷《うつ》しになって四年間お祀《まつ》りしました。

さらに大和国《やまとのくに》に、天照大御神をお祀りする場所をお求めになりました。

この年には、食べ物の神である豊受大神《とようけのおおかみ》が天からお降《くだ》りになり、天照大御神にご馳走《ちそう》（御饗《みあえ》）を奉りました。

四十三年には、大和国の厳橿《いつかし》の本宮にお遷りになって八年間お祀りになり、五十一年には、紀伊国《きいのくに》（和歌山県・三重県）の名草浜宮《なぐさはまのみや》にお遷りになって、三年間お祀りになりました。このときに紀伊国の国造《くにのみやつこ》が、天照大御神へお仕えする舎人《とねり》と土地の稲田を献上しました。

【国造】朝廷が任命した地方官。世襲制。地方の豪族が任命され、その地方を治めた。

【舎人】皇族や貴族に仕え、護衛や雑用に従事した下級官人。

【采女】天皇、皇后の日常の雑役に従事した女官。

【倭姫命】垂仁天皇の皇女。『日本書紀』には、伊勢神宮を今の地に祀ったとある。『古事記』によれば、倭建命（やまとたけるのみこと）の東征の五十四年には吉備国《きびのくに》（岡山県・広島県）の名方浜宮《なかたのはまのみや》にお遷りになって四年間お祀りになり、このときには吉備国の国造が、奉仕役の采女《うねめ》と土地の稲田を献上しました。

五十八年には、大和国の弥和《みわ》（三輪）の御室《みむろ》の峰の上つ宮にお遷りになって、二年間お祀りしました。

このとき**豊鍬入姫命**は、「わたくしがご奉仕する年月は満ち足りました」とおっしゃり、姪《めい》の**倭姫命**《やまとひめのみこと》に命じて、**天照大御神**の杖のように仕える御杖代《みつえしろ》と決めたのでした。これによって、**倭姫命**は神宝の鏡を**天照大御神**として頭に掲げ、**天照大御神**の御心にかなう最良の地を求めて行幸を始めたのです。

〈**天照大御神**の相殿神《あいどののかみ》は、**天児屋命**《あめのこやねのみこと》と**太玉命**《ふとだまのみこと》。また、御戸開闢神《みとひらきのかみ》は、**天手力男神**《あめのたぢからおのかみ》と**栲幡千千姫命**《たくはたちぢひめのみこと》。御門神《みかどのかみ》は、**豊石窓**《とよいわまど》（**櫛石窓命**《くしいわまどのみこと》）、ならびに**五伴緒**《いつとものお》**の神々**も付き添われてお仕え申し上げています。〉

際、草薙剣（くさなぎのつるぎ）を授けて難を救ったという。

【行幸】特に、天皇の外出をいうが、古くは上皇・法皇・女院などにも用いた。御行、御幸とも。

【〈天照大御神の相殿神は〜お仕え申し上げています。〉】後世、別伝として付け加えられたものを特に〈　〉で括った（以下同）。

【相殿神】複数の神が祀られている場合、主祭神ではない他の神を相殿神という。

【御戸開闢神】天照大御神が「天の岩戸」に籠もったときに、外に引き出した神のこと。

【天手力男命】天照大御神の手を取り、「天の岩戸」から引き出した。

【御門神】神殿の門を守衛する神。

【豊石窓と櫛石窓命】『古事記』では、同神。門の神。

【五伴緒の神々】天孫降臨に従った五神のこと。五部伴・五部緒とも。『古事記』によれば天児屋命、布刀玉命、天宇受売命、伊斯許理度売命、玉祖命とする。

丹波《たんば》が最初の遷幸地《せんこうち》でなければならなかった理由

前の章で語られた、天照大御神《あまてらすおおみかみ》を磯城瑞籬宮《しきのみずがきのみや》から笠縫邑《かさぬいむら》に遷《うつ》す場面は、この物語の本当のはじまりの部分です。

伊勢神宮が伊勢の地に誕生するまでには、起承転結があるのですが、この部分が起にあたります。

この部分を、倭姫命の物語は、『日本書紀』よりも詳しく、まるで昨日の出来事のように、鮮やかに述べています。

> 崇神天皇《すじんてんのう》の六年、天照大御神は倭の笠縫邑にお着きになる。特別に磯堅城《しかたき》の神籬《ひもろぎ》を立てて、天照大御神と草薙《くさなぎ》の剣をお遷しした。崇神天皇は、皇女豊鍬入姫命に命じお祀り申し上げる。お遷しした日の宵、宮廷の人々が全員集まり、夜を徹して祝宴を行った。その後、天照御大神のお告げに従い、国々所々に大宮地を求められた。崇神天皇以前の九代の天皇は、天照大御神と御殿を同じくし、床を共にしていたが、徐々に神の威力を恐れ、共に住むことができなくなった。そこで、斎部氏《いんべうじ》に命じ、改めて天照大御神の神鏡をお造りした石凝姥神《いしこりどめのかみ》と天目一箇神《あめのまひとつのかみ》の末裔を率いて、鏡と剣を造らせ天皇の御身を守る神器とした。これが天皇即位の時に奉る神器の鏡と剣である。

伊勢神宮に祀られる天照大御神の神体《しんたい》は神鏡《しんきょう》です。それは大御神を天の岩屋からお出しする際に、大御神を映した鏡といわれています。その神鏡は、大御神の孫である瓊瓊杵尊《ににぎのみこと》が高天原《たかあまのはら》から地上に降る時に、大御神自ら血統の証《あかし》として孫に授け、地上で大御神を祀るしるしとするようお言葉を与えました。次に地上で主食とするよう大御神が高天原で自ら育てた稲穂を授け、この国は天照大御神の子孫が天皇として治める国で、天地が決して逆転しないのと同じように、永遠に栄える国になるだろうと祝福されました。こうして瓊瓊杵尊は高天原から九州の高千穂に降り立ちます。これを天孫降臨《てんそんこうりん》といます。天孫とは天照大御神の孫の意味で、その貴い神が地上に降り立ち、天皇の祖先となりました。その時、瓊瓊杵尊が大御神から与えられた神鏡が、歴代天皇に伝えられている三種の神器の一つの八咫鏡《やたのかがみ》で、それが現在も伊勢の皇大神宮の神体として祀られているのです。この神鏡は、瓊瓊杵尊から、子の彦火火出見尊《ひこほほでみのみこと》、その子彦波瀲武鸕鶿草葺不合尊《ひこなぎさうがやふきあえずのみこと》へ、またその子である神日本磐余彦尊《かむやまといわれびこのみこと》すなわち初代神武天皇《じんむてんのう》に伝わり、崇神天皇の時まで天皇の御殿内に祀られていたのです。その神鏡が、伊勢神宮に祀られることになる経緯が、この倭姫命の物語の主題なのです。

　最初に遷った笠縫邑は、磯城瑞籬宮からそれほど離れた所ではなく、いろいろな条件を考え合わせると、山を背に南面した微高地だったのではないかと思います。日本の神は余り姿を現すことはありません。目に見えない存在として、通常は山や森に宿っていると考えられていました。今でも神社の背後が山や森となっていることが多いのはそのなごりなのです。山や森は神の領域で、人の領域である平地と交わるあたりが、神を祀るのに最も適した場所なのです。古い神社がそのような場所に祀られているのも同じ理由です。天照大御神が遷るということは、実質は大御神の神体の神鏡が移動したことなのですが、この物語では、直接神鏡には触れていません。神体について直に語ることが憚《はばか》られたので、神体が登場しない表現になっているのでしょう。

　日本の神は、本質的に形がなく、目に見えない存在です。それを祀る時には、依りましや神籬など、特別な神体に神を憑依《ひょうい》させる必要がありました。この物語の時代には、神鏡は神を祀る主催者の証としての意味が強く、神のシンボルである依りましの方が重視されていたようです。また、時に神は人にも憑依します。その場合はその人が依りましとなるのです。倭迹迹日百襲姫命《やまとととひももそひめのみこと》に大物主神《おおものぬしのかみ》が憑依したのも、神の出現の仕方として、当時は一般的な形で、男神の依りましとなった倭迹迹日百襲姫命が、その神の妻になったというのも、古代では自然な流れだったのでしょう。

　豊鋤入姫命《とよすきいりひめのみこと》に天照大御神をつけるということは、豊鋤入姫命に神鏡を預けたというのが実際の行為なのですが、豊鋤入姫命自身が天照大御神の依りましでもあったとも考えられます。つまり天照大御神は神鏡を所持した豊鋤入姫命に宿って遷幸することになるのです。

笠縫邑への遷幸は、特に重要な伝承らしく、内容も詳しいのは当然なのですが、若干時間が前後していると思われる部分があります。天照大御神が、国々に大宮地《おおみやどころ》を求めたいとの神意を示したのは、豊鍬入姫命の時ではなく、後の倭姫命の時になってからです。豊鍬入姫命が笠縫邑にお遷しして、その祝宴が行われたところで、この伝承は一旦話が終わっているのでしょう。天照大御神の笠縫邑遷幸は、天皇以下宮廷をあげて祝宴を催すほどの慶事であったことが読み取れます。そのことは、崇神天皇の発意による大御神を祀る国家事業が完遂されたことを意味しているのだと思います。しかし、そこから大御神がさらに遷幸する理由が見当たりません。物語では次に丹波国《たんばのくに》(原文では但波)に遷幸しているのです。

恐らく、ここで大御神の意志として、新たに大宮地を求めた話を先に挿入しておかないと、三十三年後に丹波国の吉佐宮《よさのみや》に遷った話に繋《つな》がらず、どのような理由で丹波に遷ったのかが説明できなくなるのです。

この話を耳で聞いていれば、「あれ、どうして大御神は丹波に遷ったのだろう」と疑問を抱くはずです。それに答えるような感じで前後に話が挿入されているのです。

誰にでもわかってしまう小細工は微笑ましい面もありますが、実はここに無理にでも、丹波遷幸を挿入しなければならない理由が存在したのです。この物語の伝承者は、外宮《げくう》の神主たちでした。外宮の神主にとって、天照大御神という大いなる神の旅の行程に、先祖が重役を担ったことが大切なことで、豊受大神《とようけのおおかみ》がいかなる神であるのかと共に、それを子々孫々語り継いで来たのでしょう。崇神天皇の三十九年に天照大御神は豊鍬入姫命と共に、丹波の吉佐宮に遷ります。四年間滞在した後、更に倭国《やまとのくに》に戻ってしまいます。その時、この物語では、さりげなく次の一文を添えているのです。

この年、豊受大神が天からお降りになり、天照大御神に御饗《みあえ》を奉った。

御饗は、高貴な方の食べ物で、吉佐宮滞在の四年目に、食物の神である豊受大神が天から降臨し、天照大御神に食物を捧げたと言っているのです。丹波に遷幸しなければいけない理由がここにあったのです。

当時の丹波は、倭の中央政権と友好関係にある大国でした。海上交通を通じて大陸との関係も深く、また鉄を扱う技術にもすぐれていたと言われています。倭では採れない日本海の海産物も献上されていました。倭政権にとって丹波はなくてはならないパートナーであったのです。伊勢神宮では内宮に天照大御神を、外宮に豊受大神を祀っているのも、とても古くて深い理由があるのだと思います。

崇神天皇に続く第十一代垂仁天皇《すいにんてんのう》の皇后は狭穂媛命《さほひめのみこと》といい、実兄が引き起こした事件に皇后も巻き込まれて亡くなってしまいます。代わりに皇后になったのが日葉酢媛命《ひばすひめのみこと》で、その父親は四道将軍《しどうしょうぐん》の一人として丹波地方を平定した丹波道主命《たんばのみちぬしのみこと》です。ここで大和政権と丹波との関係が緊密となるのですが、さらに重要なのが、この物語の主人公である倭姫命が、垂仁天皇と日葉酢媛命との間に生まれた皇女であることです。天照大御神を伊勢に導く倭姫命の母親が、丹波系の皇后であり、また、後に天照大御神の御饌都神《みけつかみ》として、伊勢神宮の外宮に祀られる豊受大神も、丹波に降臨した神であったことなど、伊勢神宮の始まりに深層でつながっている脈絡が認められます。

吉佐宮での一文が、豊受大神を祀る外宮の神主には、絶対に外すことができない一文であったに違いありません。理由が述べられていない丹波吉佐宮遷幸には、前後の話の繋がり方に不自然さが残りますが、実はこのような由来が横たわっているのです。古い伝承には、多少の矛盾や不自然さがあるものです。長い間口伝えであったので、インパクトのある話には尾ひれがつき、逆に平凡な話は集約されてしまうことはしかたがありません。倭姫命の物語には、話が長く詳しい部分がある一方で、事実だけをあっさりと記す部分があるのは、このような事情によるのです。

天照大御神は、水平線に太陽が昇ってくる東の伊勢国《いせのくに》を選んで鎮座しますが、西の水平線に夕日が沈む丹波国縁《ゆかり》の豊受大神が外宮に祀られていることも、とても重要な事実です。理由なき丹波遷幸も、この物語の冒頭にあるように、御饌都神と日神《ひのかみ》の深くて知りがたいお約束によるものと考えることもできそうです。

阿紀神社(宇陀市)の脇を流れる小川

奈良盆地と夕日

【四】倭姫命、東へ ［新訳］

右は右、左は左

崇神天皇《すじんてんのう》六十年に、**倭姫命**《やまとひめのみこと》は大和国《やまとのくに》の宇多《うだ》（菟田《うだ》）の秋宮《あきのみや》にお遷《うつ》りになって、その地で四年お祀りなさいました。このときに大和の国造《くにのみやつこ》が、采女《うねめ》と土地の稲田を献上なさいました。

さて、その地において**倭姫命**がご覧になった御夢に**天照大御神**《あまてらすおおみかみ》が現れました。夢のなかで**天照大御神**は「高天原《たかあまのはら》にあって私が見た国に、私を鎮座させるのです」とお告げになりました。

そこで**倭姫命**は、大和から東の方角に向かい、言葉による占いをなさいました。「わたくしが目指すべきところが、天照大御神の御心にかなう土地であるのならば、未婚の童女と出会いますように」と祈ってから、出発なさいました。

すると、佐佐波多《ささはた》（筱幡《ささはた》）の入り口の門のところに童女がやってきま

【宇多】原書『倭姫命世記』では、宇多、菟田、宇大、宇太など複数の漢字表記が見られるが、本書では「宇多」に統一した。

した。**倭姫命**は「あなたは誰ですか」と尋ねると、その童女は「私は**天見通命**《あめのみとおしのみこと》の孫で**八佐加支刀部**《やさかきとめ》（**伊己呂比命**《いころひのみこと》）の子、宇多の**大祢奈**《おおねな》と申します」と答えました。そこで、改めて**倭姫命**は天皇のお言葉として「わたくしに仕えてはどうでしょうか」と尋ねると、「お仕え申します」と童女は答えました。

倭姫命は、この**大祢奈**を**天照大御神**の身辺にご奉仕する大物忌《おおものいみ》と定められ、**天照大御神**にお願いして**大祢奈**に天磐戸《あめのいわと》の鍵を預けられたのでした。

大祢奈は、邪心《じゃしん》もなく良心によって、清く汚れなく潔斎《けっさい》し、**天照大御神**にお仕えしました。その様子は、もともと左の物は右に移さず、右の物は左に移さず、左は左を守り、右は右を守って、左に戻って右に回ることも、すべて間違うことなく**天照大御神**にお仕えしました。これは、元《もと》を元として、根本《こんぽん》を根本とするということの現れです。また、弟の**大荒命**《おおあれのみこと》も、姉と同じようにお仕えしました。

【天見通命】記紀に登場しない。皇大神宮禰宜（ねぎ）の荒木田氏の始祖との指摘もある。

【八佐加支刀部】記紀に登場しない。天見通命の孫。

【大祢奈】記紀に登場しない。天見通命のひ孫（女性）。大宇祢奈（おおうねな）、大采祢奈命（おおうねなのみこと）ともいう。

【大物忌】伊勢神宮の古い祠官（神社の祭礼や社務に携わる人）の一つ。天照大御神の大御饌（おおみけ）を奉仕する。

【潔斎】神事などの前に、酒肉の飲食その他の行為を慎み、沐浴（もくよく）などして心身を清めること。

こうして、**倭姫命**は宇多の秋宮より行幸されて、佐佐波多宮《ささはたのみや》に到着されたのでした。

六十四年に、**倭姫命**は伊賀国《いがのくに》（三重県）の隠《なばり》（名張）の市守宮《いちもりのみや》にお遷りになり、その地で天照大御神を二年間お祀りしました。

六十六年に、同じ国の穴穂宮《あなほのみや》にお遷りになって、四年の間お祀りなさいました。このときに伊賀の国造が、篦山《みふじやま》や葛山《くろかずらやま》にある家と土地の稲田、また鮎を捕ることのできる淵《ふち》と魚を捕る梁《やな》が設けてある瀬などを献上しました。そして、そこで採れたものを**天照大御神**の朝と夕の召し上がり物（御饌《みけ》）としてお供えになりました。

【伊賀国】「伊賀国」の成立は天武天皇の代で、原書『倭姫命世記』が編纂された時代には存在したが、倭姫命の当時は「伊勢国」（三重県）の一部だった。

【梁】川を上り下りする魚を獲る仕掛け。

【四】倭姫命、東へ［解説］

豊鋤入姫命《とよすきいりひめのみこと》に代わって、倭姫命《やまとひめのみこと》が御杖代《みつえしろ》になる

物語は前段階の転換を迎えます。起承転結の承に当たる部分です。天照大御神の宮処を求める役目が、豊鋤入姫命から倭姫命に交代する場面です。

丹波の吉佐宮《よさのみや》に四年滞在した豊鋤入姫命は、崇神天皇《すじんてんのう》四十三年に再び倭《やまと》に戻り、伊豆加志本宮《いつかしのもとのみや》（厳橿の本宮）に滞在していますが、『日本書紀』では、豊鋤入姫命に代わって倭姫命が天照大御神の御杖代になったのは垂仁天皇《すいにんてんのう》の二十五年三月としています。

『日本書紀』と『倭姫命世記』の間に、どうしてこのような年代の違いがあるのか理由はわかりません。この後に並記されている「一にいわく」の一文には、倭大国魂神《やまとのおおくにたまのかみ》が、その後変遷を経て長尾市宿禰《ながおちのすくね》という人が祀ることになる由来も伝えているので、この文は倭大国魂神に関わった人々の伝承が素《もと》になっているとも考えられます。初めは一つの話だったものが、別々に伝承される間に、年代に差ができたのかもしれません。

倭姫命の物語では、倭に戻ってから八年後に木乃国《きのくに》（紀伊国　現在の和歌山県）の奈久佐浜宮《なくさはまのみや》（名草浜宮）に移動して、そこに三年間滞在しています。瀬戸内海の穏やかな波が寄せる美しい浜辺であったと想像します。

その時、木乃国の国造《くにのみやつこ》が、舎人《とねり》と地口《じぐち》の御田《みた》を献上しました。国造は今の県知事のような地方官で、舎人は大御神や豊鋤入姫命のお世話役、地口の御田の意味はよくわかっていないのですが、滞在所に面した田という意味で、大御神のお祀りを支える経済的援助でしょうか。いわば、県知事が世話係を連れてきて、かつ滞在費用の負担を申し出た訳です。木乃国は豊鋤入姫命の母の出身地ですので、特別な援助が期待できたのでしょう。

天照大御神の遷幸は行く先々で、土地をはじめ様々な献上がなされますが、木乃国がその最初でした。次に吉《き》備国《びのくに》（現在の岡山・広島県付近）に遷幸し、四年の滞在中に、身近にお仕えする采女と地口の御田が献上されます。

木乃国と吉備国は、倭と友好関係にある有力な国でしたので遷幸がなされたのでしょう。また、豊鋤入姫命の祖父に当たる第八代孝元天皇《こうげんてんのう》と、四道将軍《しどうしょうぐん》として吉備を平定した大吉備津彦命《おおきびつひこのみこと》（備前国《びぜんのくに》一宮吉備津神社や備中国《びっちゅうのくに》一宮吉備津彦神社などの主祭神）、吉備氏の祖となる稚武彦命《わかたけひこのみこと》、大物主神《おおものぬしのかみ》の后となった倭迹迹日百襲姫《やまとととひももそひめ》はみな孝《こう》霊天皇《れいてんのう》を父とする兄弟なのです。血縁的にも吉備も頼りがいがあると土地だったと思われます。

その後、豊鋤入姫命は吉備滞在を経て再び倭国に戻り、弥和《みわ》の御室嶺上宮《みむろみねのうえのみや》に二年滞在します。弥和は三輪のことで、御室は御諸とも書いて神が降臨する土地のことです。その嶺上の宮というのですから、三輪山の山頂の宮と考えられます。

三輪山の山頂では、水など何かと不便であったと想像されるのですが、その御室嶺上宮で豊鋤入姫命は、「われ日足《た》りぬ」と言い、遷行の役目を姪の倭姫命に譲るのです。日が足りぬというのは、時間が足りないという意味ではなく、逆に大御神にお仕えする日数が満ち足りたということで、大御神に充分お仕えしたので役目を辞したいということです。この言葉は、遷行を命じた父親の崇神天皇に申し上げたと考えるのが自然です。その辞意を受けて、崇神天皇が倭姫命を御杖代に任命したのです。

ここで、豊鋤入姫命は天照大御神の御杖代ではなかったのかという疑問があります。豊鋤入姫命が御杖代となったことは『皇太神宮儀式帳』には見えますが、なぜか倭姫命の物語には御杖代であったとは記されていないのです。倭姫命が主人公の物語ですから、歴代斎王の初代が倭姫命であったことを意識したものかもしれませんが、ひとつの考え方として、豊鋤入姫命の遷行は崇神天皇の意志でしたが、倭姫命の時には、大御神の託宣が下っています。豊鋤入姫命と倭姫命の遷行は若干性格が異なるようです。御杖代と称するか否かは、神の意志の有無によるものと捉えていたのかもしれません。

豊鋤入姫命の遷行は、倭国を取り巻く有力な周辺諸国を意識して巡回する政治的な意味合いを強く感じますが、倭姫命は最初から東方に目標を定めており、大御神の神意に従って迷うことなく伊勢の地を目指していたという違いもあります。

倭姫命は、最初に宇多秋宮《うだあきのみや》に遷行します。宇多秋宮は、三輪山の裾野を東に向かい、現在の奈良県宇陀市あたりの阿騎野と呼ばれる周辺で、奈良時代は朝廷の狩り場があった場所とされます。文武天皇《もんむてんのう》が狩りをしたおり、お供をした宮廷歌人の柿本人麻呂《かきのもとのひとまろ》が詠んだ歌が『万葉集』にあります。

安騎《あき》の野に宿る旅人うち靡《なび》き寝《い》も寝らめやもいにしへ思ふに
東《ひむがし》の野にかぎろひの立つ見えてかへり見すれば月かたぶきぬ

都人にとって宇多は、都に近いリゾート地と認識されたのでしょう。倭姫命が最初に宇多に向かったこともわかるような気がします。

宇多秋宮には四年滞在します。次の目的地に出発するまでに、四年という準備期間が必要だったようです。地図で見ると、宇多秋宮と考えられる場所は、そこからまっすぐ東に行くと、そこが伊勢なのです。つまり倭姫命は都の郊外で最も伊勢に近い場所に遷行したようです。

しかし、天照大御神は満足されません。倭姫命の夢に現れ、「高天原《たかあまのはら》にいて見た国に私を鎮めよ」とお告げを下します。ここで初めて天照大御神の意志が示され、大御神の意志によって倭姫命の旅が本格的にはじまるのです。大御神が求める高天原にいて見た国とは、結果的に伊勢の国なのですが、この時倭姫命はそのことをまだ知らずに、東に行き先を決めています。

倭姫命は、大御神の託宣に従い東へ向かいます。なぜ東へ向かったのか理由はわかりませんが、三輪山には大物主神がすでに祀られていたため、天照大御神をいただく倭姫命でも、三輪山の近辺に長く滞在することはむずかしいことがあったのでしょう。行く先を迷わず東に定めたのは、天照大御神は日の神だからではないでしょうか。太陽が昇る方角は東であり、大和から東に向かうと、その果てに太平洋に出ることを古代の人々も知っていたのでしょう。念のため倭姫命は東行きの是非を占います。占いは神意を問い、その結果は神が決めたことなので、諸人にそれを納得させる効果もありました。

占いでは、東行きが正しければ未婚の女性に出会うとの結果となり、一行が東に向かうと、佐佐波多《ささはた》の門という場所で一人の童女に出会います。

倭姫命が童女に名を尋ねると、「私は天見通命《あめのみとおしのみこと》の孫で八佐加支刀部《やさかきとべ》の子、宇多《うだ》の大祢奈《おおねな》と申します」と答えます。お供に加わるかと問うと、「お仕え申します」と言って一行に従います。倭姫命はその童女を天照大御神に仕える大物忌《おおものいみ》とします。

天見通命は天照大御神に仕えた内宮神主の荒木田《あらきだ》氏の祖神にあたります。また、伊勢神宮には大物忌という童女が大御神に仕える慣わしがあり、その制度は倭姫命の時から、明治維新まで続きました。

神に仕えるために精進潔斎することを物忌《ものいみ》といい、またそれを行う人のことも物忌といいます。物は物体ではなく、霊魂をさすモノなので、そのモノに仕えるために忌みの生活をするので物忌というのです。大物忌は、大いなるモノに仕える人、すなわちただならない大御神に仕える物忌のことです。

倭姫命は、大物忌に天磐戸《あめのいわと》の鍵を渡し、次のように命じます。

墨《きたな》き心《こころ》無《な》くして、丹《きよ》き心《こころ》を以《も》ちて、清《きよ》く潔《いさぎよ》く斎《いまは》り慎《つつし》み、
左《ひだり》の物《もの》を右《みぎ》に移《うつ》さず、右《みぎ》の物《もの》を左《ひだり》に移《うつ》さずして、左《ひだり》を左《ひだり》にし、
右《みぎ》を右《みぎ》にし、左《ひだり》に帰《かへ》り右《みぎ》に廻《まは》る事《こと》も、
万《よろづ》の事違《ことたが》ふ事《こと》なくして、太神《おほみかみ》に仕《つか》へ奉《まつ》る。元《はじめ》を元《はじめ》とし、
本《もと》を本《もと》とする故也《ゆゑなり》。

天磐戸の鍵が何をさしているのかはわかりませんが、その鍵が、天照大御神に仕える資格を与えられたことを象徴しているようです。

汚い心をのけて、純粋な心も持ち、清く潔く清浄な慎みの潔斎《けっさい》をなし、左の物を右に移すことなく、右の物を左に移すことなく、右を右とし左を左として、左を廻って右になることも、すべて間違いなく大御神にお仕えすること。それらは、はじまりをはじまりとして、根本を根本とするからであるという倭姫命の教えは、神を祀るにはしきたりを重んじる精神を表しています。それは、神を祀るということが、はじまりを根本として発展してきた信仰であることを語っているのです。

何かが変わらなければ発展はないとの考え方もありますが、左の物が左にあることには、必ず理由があり、まずその理由を考えなさい。それがわからずに妄《みだ》りに右に移してはならないことが、天照大御神を祀る基本であるというのです。これを近年は四文字熟語にして元元本本《げんげんほんぽん》ということもあります。

伊勢神宮が二十年に一度の式年遷宮を頑なに守り続け、必ず建て替えを行っていることも、倭姫命の元元本本の精神が受け継がれていると言えます。

揖斐川と夕日

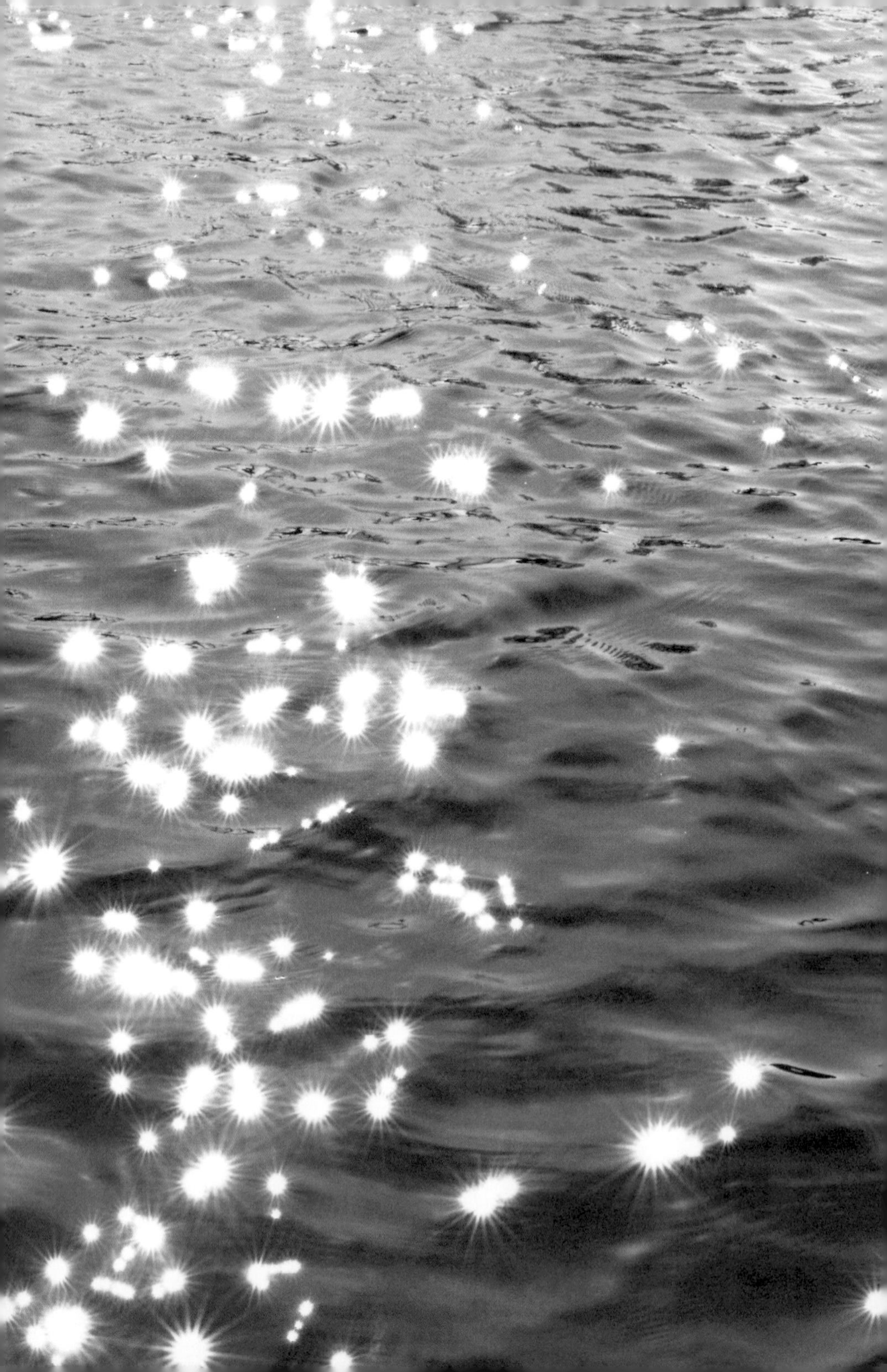

川は伊勢湾へ流れ込む

船上の皇女

第十一代の活目入彦五十狭茅天皇《いくめいりひこいさちのすめらみこと》（垂仁天皇《すいにんてんのう》）が即位されて二年に、倭姫命《やまとひめのみこと》は天照大御神《あまてらすおおみかみ》を伊賀国《いがのくに》の敢都美恵宮《あえとみえのみや》にお遷《うつ》りになって、二年間お祀りになりました。

四年には、淡海国《おうみのくに》（滋賀県）の甲可《こうか》の日雲宮《ひくものみや》にお遷りになり、四年間お祀りしました。

このときに淡海国の国造《くにのみやつこ》が、土地の稲田を献上しました。

八年には、同じ伊賀国の坂田宮《さかたのみや》にお遷りになって、二年間お祀りしました。このときに坂田の人々が、土地の稲田を献上しました。

十年に、美濃国《みののくに》（岐阜県）の伊久良河宮《いくらがわのみや》にお遷りになり、四年間お祀りしました。

次に尾張国《おわりのくに》（愛知県）の中嶋宮《なかしまのみや》にお遷りになると、倭姫命は良いこ

【垂仁天皇】第十一代天皇。崇神天皇の子。母は、崇神天皇の従兄弟・御間城姫（みまきひめ）。天照大御神を倭姫命に託したと『日本書紀』にある。

とを導き出すために国を褒《ほ》めたたえる言葉を申し上げられました。

このとき美濃の国造たちが、舎人《とねり》と土地の稲田を献上し、あわせて御船を一隻献上しました。

同じ美濃国の県主《あがたぬし》が、また御船を二隻献上しました。県主は「捧げます御船は天の底立のように頑丈で、抱く御船は天の御都張のように進みます」と申し上げて奉りました。

さらに采女《うねめ》が土地の稲田を献上しました。この献上の任は、これ以来、采女の子孫が引き継ぎ、その末裔《まつえい》は神聖な土器の皿八十枚を作って奉り続けました。

【天の底立】 未詳。進呈する船の堅牢さをたとえたものか。
【天の御都張】 未詳。「天の底立」も「天の御都張」も、献上する船が珍しく、いわれのあるものだと強調している。

伊賀《いが》から直接伊勢《いせ》に入れない事情が存在した

倭姫命《やまとひめのみこと》は、宇多秋宮《うだあきのみや》に四年間滞在した後にその地を離れ、佐佐波多宮《ささはたのみや》に到着します。佐佐波多宮は、前章で大物忌《おおものいみ》となる童女と出会った所なので、秋宮より先に立ち寄っていたはずです。秋宮の次では、童女と出会う場面の前後が逆転してしまいます。

佐佐波多宮と秋宮は若干距離が離れていたと考えると、順序が前後したのではなく、一度佐佐波多宮に立ち寄ってから秋宮に滞在し、再び佐佐波多宮に戻ったとも読むことができます。佐佐波多宮は、『日本書紀』や『皇太神宮儀式帳』では、倭姫命最初の遷行地になっている重要ポイントなのです。しかし、何故か倭姫命の物語では、秋宮が重視され、佐佐波多宮は滞在年数も書かれていないので、秋宮のついでに佐佐波多宮をはめ込んだような感じになっています。それには何か事情があると思います。

例えば、『皇太神宮儀式帳』では、弥和《みわ》の御諸宮《みむろのみや》を出発するときに見送りの使者五人が秋宮に同行したと記しています。その五人とは、阿倍武淳河別命《あべたけぬかわわけのみこと》、和珥彦国葺命《わにひこくにぶくのみこと》、中臣大鹿嶋命《なかとみおおかしまのみこと》、物部十千根命《もののべとちねのみこと》、大伴武日命《おおともたけひのみこと》で、この物語を編集したと考えられている度会《わたらい》氏の先祖が入っていないことが影響しているのかもしれません。しかし理由はもっと深いところにあるかもしれません。

『皇太神宮儀式帳』は、初めて倭の国造（現在の県知事のような役人）が御田を献上し、それを耕作する神戸《かんべ》も献上した所を佐佐波多宮としていますが、倭姫命の物語では秋宮でのことになっています。

田とそれを耕作する人々を献上することは、天照大御神《あまてらすおおみかみ》の祭祀を経済的に援助するという重要な意味を持っています。その起源がどこであったのかということもまた重要なことなのです。順番としては、経済的援助があり、次に大物忌などの任命があるのが自然なのです。しかしこの物語で佐佐波多宮を先にしているのは、倭姫命が未婚の女性と出会うか否かで占いをしており、童女と出会ったのが佐佐波多宮であったことが動かしがたい伝承であったからと考えられます。占いが当たることで、倭姫命が東へ向かう正当性が裏付けされた訳で、その後に役人の経済的援助が行われるのが自然に感じます。

いずれにしても、倭の国内で天照大御神の祭祀に対して、公的援助が最初になされたことが重要なのです。

その後、佐佐波多宮から伊賀国《いがのくに》の隠《なばり》の市守宮《いちもりのみや》に遷行し、二年滞在します。ナバリは隠れる意味の「隠《なば》る」が地名になったもので、現在も名張《なばり》という地名が残っています。

倭姫命の物語には、伊賀国は天武天皇《てんむてんのう》庚辰歳七月に、伊勢国の四郡を割いてこの国を立てたと注記があります。これはまちがいなく後世の人による書き入れです。なぜなら、倭姫命の時代には、まだ伊賀国は成立していないからです。歴史に詳しい人がこの部分を読めば、「当時伊賀国があるのはおかしいので、この物語は偽物《にせもの》に違いない」となることを案じて、わざわざ注記を付けたのでしょうが、それが自己矛盾となってしまったのです。

『皇太神宮儀式帳』には、隠の市守宮は記載がありませんが、伊賀穴穂宮《いがあなほのみや》の次の阿閇柘植宮《あえつげのみや》で伊賀国造が参上していますので、儀式帳が編纂された平安時代初期には、伊賀は一国に相当する地域と認識されていたのかもしれません。

また伊賀は四方を山で隔絶した土地柄から、一国でなくても、国造相当の役人がいて、それを国造と呼んでいたのかもしれません。伊賀国は伊勢から分離した小さな国ですが、伊勢と伊賀は山脈で隔てられ、背中合わせのようになっています。伊賀を流れる川の水は、西へ下って大阪湾に至ります。一滴も伊勢国を流れることはありません。つまり、分水嶺を境として伊賀と伊勢は隔絶しているのです。三輪山から東へ向かった倭姫命一行が、伊賀から山を越えて伊勢に入らず、進路を北に変えて、淡海《あわうみ》（近江国）方面に向かうのも、東行して伊賀から直接伊勢に入れない様々な事情が存在したことを物語っています。

倭姫命一行が進路を北に変えたのは、山地を越えられない地理的な問題の他にも、山間部の治安状況、国造などの地元の協力者による援助の有無など、理由はいろいろあったのでしょう。

いずれにしても、伊賀から山越えで伊勢には行くことができなかったのです。

伊賀国には、市守宮に二年間、穴穂宮《あなほのみや》に四年間、敢都美恵宮《あえとみえのみや》に二年間、合わせて八年間滞在しています。その間、穴穂宮滞在中に崇神天皇《すじんてんのう》から垂仁天皇《すいにんてんのう》の時代に移ります。

この物語で倭姫命が御杖代《みつえしろ》となるのは崇神天皇の時ですが、『日本書紀』も『皇太神宮儀式帳』も、倭姫命が御杖代となって旅を開始するのは垂仁天皇の時代になってからです。その時の天皇の皇女が天照大御神に仕えることが原則ならば、御杖代となったのは垂仁天皇の時代と考えるのが自然です。どうしてこのような時間差が生じたのはよくわかりません。

この物語には他に見られない素朴な伝承が記録されている特徴があります。例えば、穴穂宮での鮎の話は他の記録には見られません。穴穂宮では、鮎を捕る淵《ふち》と、梁《やな》を設ける川瀬が献上され、天照大御神の朝の御饌《みけ》、夕の御饌にお供えされたことが記されています。

現在でも鮎は天照大御神へ供物のひとつに定められていて、その起源説話となっています。『伊賀国風土記』(逸文)に、伊賀には小川が多く年魚や鮭その他雑鮮が採れ、天皇の食事にも供されたと記され、鮎の産地として都でも知られていたようです。

穴穂宮が忘却されずにこの物語に記録されたのも、大御神に鮎を供える習わしの起源であったからなのかもしれません。

鮎という字は、中国ではナマズの意味で、日本でも古くはアユとは読みませんでした。アユは年魚と書かれていました。

伊勢神宮で供えられるのは、干した鮎で香魚《こうぎょ》と呼びますが、一般に香魚はアユと読みます。ほかにも年魚や細鱗魚をアユと読みます。この物語ではアユの姿から細鱗魚と記しています。

古代、アユは占いに用いる魚だったようで、『日本書紀』には神功皇后《じんぐうこうごう》が占いをしてアユを釣る話があります。また、三重県の宮川《みやがわ》流域に、アユを岩のくぼみに投げ入れて豊作を占う行事があります。日本で鮎の字をアユと読むようになったのは、そのようなことに由来すると言われています。

数年の滞在の後、伊賀を後にした一行は、北上して淡海（近江国）に入ります。

淡海とは淡水湖、すなわち琵琶湖のことで、それが国名となっています。淡海がオウミの語源ですが、近江という二文字をオウミと読むことはできません。淡海を漢字一文字で表すと江となり、都から遠い淡海の浜名湖を遠江（トオツアワウミ）と呼ぶのに対して、都に近い淡海が近江（チカツアワウミ）と表記されました。しかし読み方は、アワウミのままで、それがオウミになったのです。

近江国では、甲可《こうか》の日雲宮《ひくものみや》に四年間、坂田宮《さかたのみや》に二年間、計六年間滞在し、美濃《みの》の伊久良河宮《いくらがわのみや》を経て、尾張《おわり》の中《なか》嶋宮《しまのみや》に至ります。『日本書紀』では、宇多の佐佐波多宮から、さらに廻って近江国に入り、東の美濃を廻って伊勢に至っており、近江での出来事が一切記されていません。おそらく通過地点であったからでしょう。逆にこの物語が、近江を省略していないのは、近江を通過したことが事実だったからに違いありません。

さて、倭姫命一行といえ、長距離を陸路で移動することには、様々な困難を伴ったと思われます。ある宮に二年から四年滞在しているのは、その先にある土地の安全確保に要する期間だったのかも知れません。

近江から美濃を経て、尾張中嶋宮（現在の愛知県一宮市・稲沢市周辺）で、倭姫命は国寿《くにほ》ぎをします。良い事を導き出すためにその国を褒め称える呪術、おまじないです。具体的のどのようなことであったかは記されていませんが、『万葉集』の舒明天皇《じょめいてんのう》が香具山《かぐやま》に登り国を望んだ時の歌が参考になります。

大和《やまと》には　群山《むらやま》あれど　とりよろふ
天《あめ》の香具山《かぐやま》　登《のぼ》り立《た》ち　国見《くにみ》をすれば
国原《くにはら》は　煙立《けぶりた》ち立《た》つ　海原《うなはら》は　鷗立《かまめた》ち立《た》つ
うまし国《くに》ぞ　蜻蛉島《あきづしま》　大和《やまと》の国《くに》は

天皇が山に登って国を見ることは、五穀豊穣を予祝する神聖な儀式でした。そこで舒明天皇は、竈の煙があちこちに立ち上がり、池水を豊かに湛《たた》えたよい国と褒め称えたのです。このような天皇の聖なることばが、国の精霊や国魂神《くにたましん》などにはたらきかけ、豊穣をもたらすと信じられていたのです。

そのような信仰は現代にも受け継がれ、言霊《ことだま》と言ってことばにも魂が宿り、良いことを口にすると良い結果を招き、悪いことを言うと凶事が起こるとされるのです。倭姫命も濃尾平野に立ち、いよいよ目指してきた伊勢国を目の前にして、良い結果を招くよう尾張の国を褒め称えたのです。

すると、良いことはすぐに起こりました。美濃の国造が御船を一隻献上してきたのです。続いて県主《あがたぬし》も御船を二隻造って献上して来ました。合計三隻の船がそろいます。

ここから先は、倭姫命は船上の皇女となり、船での移動を主とする船旅となります。

船での旅は、陸路と比べると早くて安全であったと思います。美濃から伊勢への川下りの景色は、倭姫命の目にどれほど美しく映ったでしょう。物語には書いてありませんが想像にかたくありません。

木曽川《きそがわ》なのか長良川《ながらがわ》なのか、それとも揖斐川《いびがわ》なのか、川の姿や流れは変わっていたとしても、倭姫命が目にした山の形や川面の輝きなどは現在も同じように見えるでしょう。筆者が倭姫命の物語で、視覚的に最も共感できるのが愛知・岐阜・三重の三県が接する木曽三川あたりなのです。

内宮の夜明け

【六】伊勢神宮創建の予感［新訳］

大若子命《おおわくごのみこと》参上

天皇の即位から十四年、**倭姫命**《やまとひめのみこと》は伊勢国《いせのくに》（三重県）の桑名の野代宮《のしろのみや》にお遷《うつ》りになり、その地で**天照大御神**《あまてらすおおみかみ》を四年間お祀りされました。

このときに、国造《くにのみやつこ》である**大若子命**《おおわくごのみこと》（**大幡主命**《おおはたぬしのみこと》）が参上して、お供になりました。**倭姫命**は**大若子命**から、国内の生活の様子などについて報告を受けました。

また、時を同じくして伊勢の国造の**建日方命**《たけひかたのみこと》が参上してきたので、**倭姫命**は「汝《なんじ》の国の名は何と言うのですか」とお尋ねになると、「神風の伊勢の国でございます」と申し上げました。そして舎人《とねり》と土地の神田と神戸を献上しました。

また**大若子命**は、弟の**乙若子命**《おとわくごのみこと》を舎人として献上しました。

次に、川俣の県造《あがたのみやつこ》の祖先である**大比古命**《おおひこのみこと》が参上してきたので、

【大若子命】またの名を大幡主命（おおはたぬしのみこと）。伊勢外宮の神主・度会（わたらい）氏の始祖とされる。伝承上の伊勢神宮の初代大神主。のちに軍功を挙げたため、大幡主命と呼ばれるようになり、原書『倭姫命世記』でも、途中から大幡主命と表記される。

【神風の】地名「伊勢」にかかる枕詞。

【神田】その収穫物を祭事に用いるための田。

【神戸】神社に世襲的に所属して、貢納と奉仕を任とした人たちのこと。

【乙若子命】大若子命の弟。弟若子命とも。

倭姫命は、「汝の国の名は何と言うのですか」とお尋ねになると、「味酒《うまさけ》の鈴鹿国《すずかのくに》の、名もうるわしき、奈具波志《なぐはし》の忍山《おしやま》でございます」と申し上げました。そして神の宮をお造り申し上げて、**天照大御神**をお祀りし、神田と神戸を献上しました。

次に阿野の県造の祖先である**真桑枝太命**《まくわえふとのみこと》に、「汝の国の名は何と言うのですか」とお尋ねになると、「草蔭《くさふか》の阿野国《あののくに》でございます」と申し上げ、神田と神戸を献上しました。

次に市師《いちし》の県造の祖先である**建呰古命**《たけしこのみこと》に、「汝の国の名は何と言うのですか」と尋ねたところ、「宍行《ししい》く阿佐賀国《あさかのくに》でございます」と申し上げて、神戸と神田とを献上しました。

【県造】県を管理する伊勢地域の豪族に与えられた在地首長の姓（かばね）。

【味酒の】「みわ」「かみ」「か」などにかかる枕詞。

【草蔭の】地名「あの」などにかかる枕詞。

【宍行く】「阿佐賀」にかかる枕詞。

大和《やまと》朝廷の初期、伊勢《いせ》は国の東の端だった

倭姫命《やまとひめのみこと》一行は美濃《みの》・尾張《おわり》の南端を通り、ついに伊勢国に入ります。物語は、伊勢国桑名の野代宮《のしろのみや》に遷行し、四年お祀りしたと記しています。さて、「伊勢」ということばには、日本人に特別な響きがあるようです。伊勢といえば伊勢神宮をさすこともあるように、伊勢ということば自体が持つ力に、神々しさが含まれているようです。天照大御神《あまてらすおおみかみ》が、伊勢に鎮まることが予《あらかじ》め定められていたかのような国名と感じることがあります。

その理由のひとつに、東京が首都になる以前、伊勢より西に都があった時代が長く、特に大和朝廷の初期において、伊勢は国の東の端と意識されていたようです。今でも伊勢二見《ふたみ》の夫婦岩に昇る朝日が伊勢を象徴するように、伊勢には、はじまりや原初というイメージが重なり合っているようです。このことは、伊勢神宮が伊勢にあることに重要な意味をもっています。伊勢国の国名の由来は、『伊勢国風土記』(逸文)では、神武天皇《じんむてんのう》東征以前にこの国を領有していた国津神《くにつかみ》である伊勢津彦《いせつひこ》にちなみ、神武天皇が伊勢と名付けたと記されています。伊勢津彦という名前は、明らかに「伊勢の男子」の意味ですから、伊勢という地名が既にあったことを示しています。一方で伊勢の語源は人体の背《せ》、または磯《いそ》にあると言われています。大和の方から見て東の山脈がまるで背中のようなので背の国、それに接頭語のイが付いてイセとなったとする説と、伊勢の東半分は伊勢湾に面していることから磯の国で、それがイセになったとする説です。

さて、尾張中嶋宮《なかしまのみや》で船を献上された一行は、当然その船で木曽川《きそがわ》を南に下りはじめます。桑名の野代宮は木曽川と長良川《ながらがわ》・揖斐川《いびがわ》などが交わるあたりで、当時は交通の要衝だったと想像されます。船旅がしばらく続き、流れに任せて船はゆっくり進みます。倭姫命の視線は、川岸へと向けられていたことでしょう。この物語は景色のことにほとんど触れていませんが、倭姫命がこれほどの流れが緩やかな大河を目にするのはおそらく初めてのこ

とと思います。ましてやその先には海が広がっているのです。倭姫命の心も明るく弾んでいたに違いありません。天照大御神が伊勢国に鎮まりたいという神意も、内心確実なものとなりつつあり、船上から眺める伊勢の景色はとても美しく映ったのではないでしょうか。川原のススキが一斉に風になびく様子や、夕日が川面に赤く照り映える風景などが目に浮かんで来ます。

話は戻りますが、桑名の野代宮にはなぜか国造《くにのみやつこ》が二人参上します。国造は今の県知事のようなもので、一人は大若子命《おおわくごのみこと》、一人は建日方命《たけひかたのみこと》です。まず大若子命が参上して一行のお供に加わり、倭姫命に国内の風俗の様子を申し上げます。次に建日方命が参上すると、倭姫命に国名を尋ねられ、「神風の伊勢国」と答えます。

国造に続いて参上した周辺の県《あがた》（今で言う郡に相当する地域）の長三人にも、倭姫命は地名を尋ね、それぞれ「味酒《うまさけ》の鈴鹿《すずか》の国の名も美しい忍山《おしやま》です」、「草深い阿野《あの》国です」、「宍《しし》が行く阿佐賀《あさか》の国です」と答えています。

実は、倭姫命が地名を尋ねるのはここからはじまることなのです。ここから行く先々で倭姫命は、頻繁に地名を尋ねるようになります。高貴な方から所有地の名称を尋ねられて、それに返答することは、高貴な方に服従し、所有地を差し出すことを意味しているのでしょう。それが伊勢国内に限られていることを考えると、それまでの遷行地では献上された土地などは、やはり滞在費を賄うためのもので、伊勢国こそ天照大御神の永遠の鎮座地として、経済的地盤の確保が現実味を帯びてきたことを物語っているようです。大若子命はこの物語の一種のキーパーソンとして、様々な場面に登場して、重要な役割を担います。

大若子命は、この後で飯野高宮《いいのたかのみや》で再び国名を尋ねられる矛盾した場面もあり、そのあたりから同行したのではと思われるふしもあります。大若子命は外宮《げくう》の度会《わたらい》神主の事実上の祖先と考えられており、度会氏にすると大若子命は伊勢国造として、伊勢国の入り口から同行している必要があったのだろうと思います。大若子命は国造と記されていますが、一行の案内係、いわば県庁の観光誘致局長のような役目だったのでしょう。国内の風俗を説明しているのもそのためと思われます。国造が二人参上する矛盾もそのあたりに理由がありそうです。実質的な国造は国名を答えた建日方命の方なのでしょう。

阿坂山の空

荒ぶる神の災い

垂仁天皇《すいにんてんのう》十八年に、阿佐加《あさか》（阿坂）の藤方片樋宮《ふじかたかたひのみや》にお遷《うつ》りになって、その地で天照大御神《あまてらすおおみかみ》を四年お祀りになりました。

このとき、倭姫命《やまとひめのみこと》は阿佐加の峰にいらっしゃいました。この峰では、荒ぶる神である伊豆速布留神《いつはやぶるかみ》が、百人行く人があれば五十人を殺し、四十人行く人があれば二十人を殺していました。

そこで倭姫命は朝廷に大若子命《おおわくごのみこと》を遣わして、このことを報告させると、天皇からは「天皇である私からお与えになる様々な物を、その神に奉り、和らげて鎮め、平《たいら》げるのです」という仰せが戻ってきました。天皇のご指示にしたがい、阿佐加山の峰に、その荒ぶる神を祀るための神社を建立し、神の心を鎮めるため祭祀を行いました。

これによって、この荒ぶる神の災いは過ぎ去り、倭姫命は「嬉《うれ》し

【伊豆速布留神】阿佐加（阿坂）の峰にいた荒ぶる神。倭姫命はこの荒神のために、五十鈴川の宮になかなか入ることができなかった。

い」とおっしゃいました。そこで、その地は宇礼志《うれし》と名付けられました。そこから、さらに**倭姫命**がお進みになると、阿佐加の海辺で多気《たけ》の人たちがやってきました。

そこで、**倭姫命**は「汝らが海辺で漁《すなど》るものは何ですか」と尋ねると、多気の人たちは「**天照大御神**のお食事の器に献上したく、赤貝を漁っております」と申し上げました。**倭姫命**は「畏《おそ》れ多いことです」とおっしゃって、その赤貝を**天照大御神**への供え物として進上させました。そして、神意をたずねる占いのために、木の枝を折り取って、生木のまま擦りあわせて火を起こそうとなさいました。すると、神意にかなって生木は燃え上がりました。そこで采女《うねめ》が作った神聖な皿八十枚を、祭祀で使う器として、これに赤貝を盛って**天照大御神**にお供えなさったのでした。このときに多気の人たちは、土地の稲田ならびに麻園《あさぞの》も献上しました。

【麻園】神事に用いる麻を育てる畑。

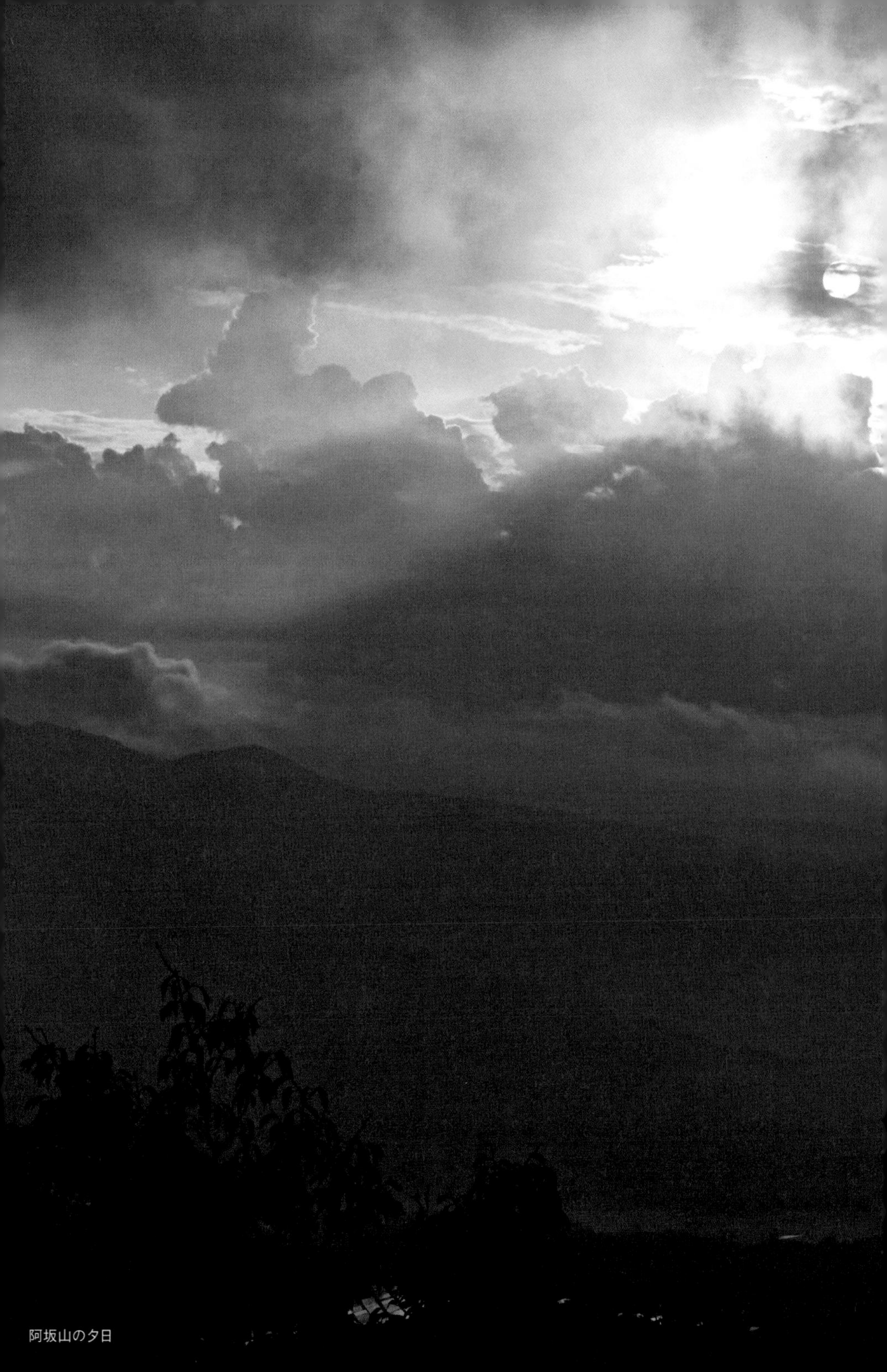

阿坂山の夕日

【七】嬉野の疫病 ［解説］

伊勢国《いせのくに》に入るとたいへんな事件に遭遇

昔話には、主人公が試練に耐えるシーンが必ずあります。それは、主人公が真のヒーローへとメタモルフォーゼ（変身）するために欠かせない要件といわれています。このことは、物語が口から耳へ、直接語ることにより伝承されて来たなごりでもあり、聞き手がハラハラドキドキ、手に汗握りながら耳をそばだてるところに物語の醍《だい》醐《ご》味《み》があったのです。その試練を頂点として、その前後に配された何気ないお話のひとつひとつが、みごとに関連づけられ、ストーリーが構成されていきます。

倭姫命《やまとひめのみこと》の物語もいよいよクライマックスを迎えます。この物語は、淡々と西から東に、北から南へと平行移動をしているように見えますが、伊勢国に入ると、国のほぼ中央、今の松阪市あたりでたいへんな事件に遭遇します。以前に倭姫命に地名を尋ねられ、宍《しし》の行く阿佐賀《あさか》の国と答えたのは、市師の県造《あがたのみやつこ》の祖先建呰古命《たけしこのみこと》でした。市師は後の一志郡で、現在の津市南部から松阪市の北部あたりです。阿佐加とも記されていて、そこの藤方片樋宮《ふじかたかたひのみや》に四年滞在します。その滞在は予定外のものであったのでしょう。雨を受ける樋が片方にしかない宮といっているので、恐らくは仮設の宮に滞在を余儀なくされたのでしょう。わざわざ片樋宮と記しているところに、その滞在が緊急避難であったことが窺《うかが》われます。

倭姫命一行の行く手を阻んだのは、阿坂山の荒ぶる神、伊豆速布留神《いつはやぶるかみ》です。この神はとても恐ろしい神で、人が百人通ると、五十人を殺してしまい、四十人通ると二十人を殺しました。恐らく倭姫命の威光に帰順せず、行く手を阻む強力な在地勢力が存在したのでしょう。

阿坂という場所は、『古事記』では猿田彦の神が、漁をしてヒラブ貝に手を挟まれて溺れた所とされています。猿田彦の神は、伊勢国の国つ神ですが、地元の神でさえ災難を被った話が伝わるくらい、阿坂は特別な場所という感じがします。

阿坂は地形的に伊勢の中でも山が最も海に迫り、そのため平地が狭く、海と山に挟まれた関所のような地形となっています。軍事的にも要衝で、南北朝期には北畠親房《きたばたけちかふさ》が山頂に城を築いています。

北伊勢から奥へ進むためには、必ず阿坂山の麓を通るので、古くから伊勢国内のひとつの区切りとなっていたことが想像されます。片樋宮の片も、片方が山で、片方が海であることを意味しているのかもしれません。

百人の半分、四十人の半分が死に至ったという表現で想い出すのは、崇神天皇《すじんてんのう》の時の疫病です。『古事記』は疫病が多発して国民が尽きようとしたと記し、『日本書紀』は国民の半数が死んだと記しています。

ここは物語でも最も倭姫命が危機的状況に陥る場面です。先へ進めないだけではなく、疫病の危機に直面しているのです。百人中五十人、四十人中二十人が死んだのですから、生存率は五〇パーセントです。この時、倭姫命は人々を救うヒロインとして、片樋宮を出て阿坂山の頂上に登ります。

阿坂山の頂上に登ったというのは、呪術的な意味があったのか、または疫病が猖獗《しょうけつ》している平地からの避難だったのかも知れません。もし後者なら、このエピソードが創り話ではなく、何かしら歴史上の事実を伝えていると思われます。近年コロナ禍を経験したことで、この伝承がにわかに現実味を帯びて感じられます。

そこで倭姫命は、朝廷に大若子命《おおわくごのみこと》を派遣して惨状を報告させます。天皇は大若子命に様々な物を与え、それらを荒ぶる神に捧げて終熄《しゅうそく》を祈るよう命じます。そして阿坂山にその神の社を築いてお祀りしたことにより事態は終熄します。その時に築かれた社は、阿謝加神社として現在もお祀りされています。

大若子命がお祀りした阿坂山の社と伝える阿謝加神社は二社あります。

ひとつは松阪市大阿坂に、もうひとつは小阿坂にあり、どちらも猿田彦神（猿田比古大神）を祭神とし、境内には大若子命を祀る神社があります。大阿坂、小阿坂ともに阿坂山を尾根伝いに下ったところに位置しています。

阿坂山の頂きに祀られた荒ぶる神は、後に一帯の守護神となり、特に田畑を潤す水の神として崇められ、龍天明神とも呼ばれました。

祭神が伊豆速布留神ではなく、猿田彦神となっていることには諸説あり、一説に猿田彦神がこの付近で溺れて、おそらく命を落としたとする伝承と、龍天と呼ばれた水神信仰が結びついたものといわれています。なお、この一帯は、中世より伊勢神宮の経済を支える土地である御厨《みくりや》となり、戦国時代頃まで外宮《げくう》が所有していました。その時に大阿謝加御厨と小阿謝加御厨に分かれていたので、阿謝加神社も二社あると考えられています。なお『皇太神宮儀式帳』では、阿佐鹿《あざか》（阿坂）の荒ぶる神を鎮めた天皇の使者は、安倍大稲彦命《あべのおおしねひこのみこと》とし、その後倭姫命の一行に加わったと伝えています。

倭姫命は平和を回復したことを喜んで「うれし」と言います。それが周辺の地名になったといい、かつてあった嬉野《うれしの》町はこれにちなんだ町名でした。

この部分では、この物語では珍しく別伝が併記されています。『日本書紀』に見られる「一書にいわく」の形式がとられているのです。別伝では、阿坂山の惨状を耳にした垂仁天皇《すいにんてんのう》が、「その土地は大若子命の先祖天日別命《あめのひわけのみこと》が平定した所の山である。大若子命にその神を祀らせ、倭姫命を五十鈴宮にお入れしろ」と命じます。

この別伝では、明らかに終点が五十鈴宮に予定されています。この別伝は、本文よりやや潤色が多く見受けられるものの、話の内容に大差はありません。無理に併記しなくてもよさそうに感じます。

このようなことから、やはりこの物語は度会氏が編纂したものなので、『伊勢国風土記』に見える度会氏の祖神天日別命をどうしても登場させたかったために挿入したのでしょう。

いずれにしても、倭姫命一行は阿坂山の荒ぶる神を慰撫して、この地方の平穏を回復させます。そのことで倭姫命の名声が伊勢地方に一段と広まったのでしょう。

阿佐加の潟を行くと多気連の祖が参上し、天照大御神のお食事の器に献上する伎佐《きさ》（蚶＝赤貝のこと）を漁《すなど》っておりますと申し上げると、倭姫命は「畏れ多いことです」と感動します。そこで赤貝を大御神に奉り、ササムの木の枝で火を起こしてウケイを行います。ウケイとは神の意志を知るための神事のことで、このウケイで何を知ろうとしたのかはわかりませんが、火を起こすということが、神を祀る重要なプロセスであることを伝えているようです。

火をきるとは、木と木を擦り合わせ、その摩擦熱で火を生じさせる発火法です。伊勢神宮では今日もこの方式によって毎朝火をきっています。火をきる際、堅い木と柔らかい木を組み合わせます。堅い木を柔らかい木に押しつけて摩擦することで、柔らかい方の木が削られ、その木くずが摩擦による熱を帯びて火種になります。その火種に乾燥した杉の枯れ葉などを近づけると熱がうつって枯れ葉が発火するのです。伊勢神宮ではヤマビワとヒノキの組み合わせです。ちなみにヒノキの語源は火の木といわれます。

神のためにきった火は特別な火として扱われ、忌火《いみび》と呼ばれ、神事以外の事に用いることが禁じられます。火は生活に欠かせない反面、時には人に火傷を負わせ、火事は財産を失わせます。そのような良くない火は他の火にうつると信じられ、そのため神事に用いる火は専用にきった火でなければいけないのです。

他にも天平瓮《あめのひらか》八十《や》枚が用意され、また麻を栽培する園が献上されるなど、断片的ですが、後の伊勢神宮につながってゆくお祭りの形が、徐々に形成されていく過程が読み取れます。

瀧原宮近くを流れる宮川

【八】大河の瀧原の国は式年遷宮の起源か〔新訳〕

真奈胡神《まなこのかみ》の道案内

垂仁天皇《すいにんてんのう》二十二年、飯野《いいの》の高宮《たかのみや》にお遷《うつ》りになって、その地で**天照大御神**《あまてらすおおみかみ》を四年お祀《まつ》りしました。そのときに飯高の人に、「汝《なんじ》の国の名は何と言うのですか」とお尋ねになると、「意須比《いすい》の飯高国《いいたかのくに》でございます」と申し上げて、神田と神戸を献上しました。**倭姫命**《やまとひめのみこと》が、「飯が高いとは、たくさん飯が盛られているということ。なんとすばらしいことでしょう」とお悦びになった。

次に**倭姫命**は、佐奈《さな》の人に、「汝の国の名は何と言うのですか」とお尋ねになると、「こもりくの志多備国《したびのくに》の、まくさむけ草向かう国でございます」と申し上げて、神田と神戸を献上しました。また**倭姫命**は、**大若子命**《おおわくごのみこと》に「汝の国の名は何と言うのですか」とお尋ねになると、**大若子命**は「百《もも》張《は》る蘇我国《そがのくに》で、五百枝刺《いおえさ》す竹田国《たけたのくに》でございます」

【意須比の】「飯高」にかかる枕詞。

【こもりくの】枕詞。通常は「泊瀬」にかかるが、ここでは地名「志多備」にかかっている。

【百張る】「蘇我」にかかる枕詞。

【五百枝刺す】「竹田」にかかる枕詞。

と申し上げました。

倭姫命は、その場所に櫛《くし》を落とされたので、その地を櫛田《くしだ》と名付けられ、櫛田社をお定めになりました。また、ここより御船《みふね》にお乗りになり、お進みになると、川の魚が自然に集まってきて、御船に乗り入ってきました。そこで、その場所に魚見社《うおみのやしろ》をお定めになりました。

さらにお進みになると、ご馳走《ちそう》（御饗《みあえ》）を奉る神が参上しました。**倭姫命**は、「汝の国の名は何と言うのですか」とお尋ねになりました。その神は、「白浜の真名胡《まなこ》の国でございます」と申し上げました。そのため、そのところに真名胡神社をお定めになられました。

また**乙若子命**《おとわくごのみこと》が、神に奉る幣帛《へいはく》とわら人形などを**倭姫命**に奉ると、罪と穢《けが》れを祓《はら》う儀式を行いました。それから、**倭姫命**のお側に仕える者たちには、弓や剣などの武器を置き、一緒に飯野の高丘に入りました。そして、ようやく五十《い》鈴《すず》宮に向かうことができました。これ以来、天皇の太子、伊勢の神宮に仕える皇女である斎宮《いつきのみや》、馬に乗り鈴を

【白浜の】「真名胡」にかかる枕詞。

【幣帛】神に奉るものの総称。特に紙や布を切って木にはさんでたらした御幣（ごへい）のことをいう。

【斎宮】天皇の即位ごとに選ばれて伊勢神宮に奉仕した未婚の内親王または女王のこと。斎王。

鳴らしながら伝達をする使者の駅使《えきし》、地方官である国司《こくし》たちまでもが、これらの川に到着すると、祓えの儀式を行い、駅使は鈴の音を止めて静粛にするのでした。このようにすることが、やがて儀式となりました。

倭姫命は御船を進め、佐佐牟江《ささむえ》に御船をお泊めになり、そこに佐佐牟江宮を造営されて、**天照大御神**をお祀りなさいました。そのとき**大若子命**は、国を褒め称えて「白鳥の真野国《まののくに》」とおっしゃいました。そして**倭姫命**は、その場所に佐佐牟江社をお定めになりました。

その地から、また進んで行くと、しだいに風も浪もなくなり、潮は大いによどみ穏やかになり、御船は自然と前進して行きました。**倭姫命**は、これをお悦びになって、その浜に大与度社《おおよどのやしろ》を造営されました。

〈**天照大御神**が**倭姫命**にお告げになっておっしゃることには、

「この神風の吹く伊勢国は、不老不死の国である常世《とこよ》の浪《なみ》が、しきりに打ち寄せる国である。大和に寄り添う国で、満ち足りた素晴らしい国であ

【白鳥の】枕詞。通常は「飛羽山」や「鷲坂山」にかかるが、ここでは「真野」にかかっている。

【常世】海の彼方にあると伝承される常世国のこと。死者の行く国とも、不老不死の国ともいわれる。

る。この国に居ようと思う」と仰せになりました。そこで、**倭姫命**は**天照大御神**の教えの通りに、その祠《ほこら》を伊勢国に建立しました。また、**天照大御神**に奉仕する者の斎宮を五十鈴川のほとりに新たに建てたのでした。これを伊蘇宮《いそのみや》（礒宮）といいます。**天照大御神**が、最初に天から降臨した場所です。〉

二十五年の春三月、**倭姫命**は伊蘇宮にお遷りになって、その宮に**天照大御神**を鎮座申し上げました。

そのとき**倭姫命**は**大若子命**に「この国の名は何と言うのですか」とお尋ねになったので、「百船《ももふね》の度会国《わたらいのくに》で、玉拾う伊蘇国《いそのくに》でございます」とお答え申し上げました。そこで、**倭姫命**は**天照大御神**にお供えする御塩を焼く浜と、塩を焼くための薪《まき》を切り出す林を定め、この宮でお仕えなさいました。また、お水がある場所は、御井国《みいのくに》と名付けられました。そのときに**倭姫命**は「南の山の尾根を御覧になると、御殿を造営するのに良い場所があるように見えます」とおっしゃって、

【斎宮】ここでは、斎王のことではなく、斎王ら天照大御神に奉仕する人たちが住む宮殿のこと。

【伊蘇宮】礒宮などの表記もみられるが、本書では「伊蘇宮」に統一した。

【百船の】「度会」にかかる枕詞。

【玉拾う】「伊蘇」にかかる枕詞。

大若子命を遣わされました。**倭姫命**は、**天照大御神**を頭の上にお載せになって、小船にお乗りになりました。その後、様々な神の宝物、神聖な楯や矛を、御船に残し、**倭姫命**は小川からさらにお進みになりました。すると、御船は後方に下がって行きました。これを見た駅使は「御船が遅れています」と申したので、その地を宇久留《うくる》と名付けられました。そこからさらにお進みになると、**速河彦**《はやかわひこ》が参上しました。そこで**倭姫命**は「汝の国の名は何と言うのですか」とお尋ねになると、**速河彦**は「畦広《あぜひろ》の狭田国《さたのくに》でございます」と申し上げ、神田を献上しました。そして、**倭姫命**はその地に速河狭田社《はやかわのさたのやしろ》をお定めになりました。

さらにお進みになると、**高水神**《たかみのかみ》が参上しました。**倭姫命**は「汝の国の名は何と言うのですか」とお尋ねになると、**高水神**は「岳高《たけたか》田深《たふか》の坂手国《さかてのくに》でございます」と申し上げ、稲田を献上しました。そして、**倭姫命**はその地に坂手社《さかてのやしろ》をお定めになりました。

進み続けると、船で遡れるところまで参りました。その川の水は冷た

【速河彦】未詳。狭田国の神か。

【畦広の】「狭田」にかかる枕詞。

【高水神】高水上命（たかみなかみのみこと）。伊勢内宮の神田を守護する水神。

【岳高田深の】「坂手」にかかる枕詞。

かったので、寒川《さむかわ》と名付けられました。その場所に、御船をつなぎ止め、御船神社をお定めになりました。その場所から、行幸されるときに**倭姫命**は御笠《みかさ》を身につけられ、その地を加佐伎《かさき》と名付けられました。

大川の瀬をお渡りになろうとなさると、鹿の肉の塊が流れてきました。**倭姫命**は「これは悪い兆しです」とおっしゃって、お渡りになりませんでした。そして、その瀬を相鹿瀬《おうかせ》と名付けられました。

さらに上流を目指すと、砂が流れる早瀬がありました。そのとき**真奈胡神**《まなこのかみ》が参上して、**倭姫命**のご一行を向こう岸までお渡しになりました。そこで、その瀬を真奈胡の御瀬と名付け、その地に御瀬社《みせのやしろ》をお定めになりました。さらに進んで行くと、美しい土地に到着しました。**倭姫命**は**真奈胡神**に、「この国の名は何と言うのですか」と尋ねると、「大河の瀧原《たきはら》の国と申します」とお答えになりました。そこで宇多《うだ》の**大宇祢奈**《おおうねな》に命じて、荒草を刈り払わして瀧原の地に宮を造営させ、**天照大御神**を鎮座申し上げました。

【寒川】川の水が冷たい（寒し）ことから「寒川」と名付けられた。

【加佐伎】笠を身につけた（着た）ことから、「加佐伎」（笠着）と名付けられた。

【相鹿瀬】鹿とあってしまった瀬なので、相鹿瀬。

【真奈胡神】未詳。89ページに登場した、ご馳走（御饗）を奉る神と同一の神とする説がある。

【大河の】大河は宮川を指す。

ところが**倭姫命**は「この地は**天照大御神**の欲する地ではない」と感じました。

倭姫命は大川の南の道を通って、新たな候補地を求めたところ、素晴らしい野原に到着されました。しかし、そこもふさわしくありませんでした。そのため、そこを和比野《わびの》と名付けられました。さらにお進みになったところで**久求都彦**《くくつひこ》が参上しました。**倭姫命**は、「汝の国の名は何と言うのですか」とお尋ねになったところ、「久求の小野でございます」とお答えになりました。**倭姫命**は、「御殿を建てる場所を、久求の小野にいたしましょう」とおっしゃって、久求社《くくのやしろ》をお定めになりました。ときに**久求都彦**が、「良い大宮処《おおみやどころ》がございます」と申し上げたので、そこへお出ましになったところ、お供えする野菜を作る園の神が参上して、御園の地を献上されました。その場所を**倭姫命**はお悦びになって、園相社《そないのやしろ》をお定めになりました。

【和比野】良い場所を見つけられなかったことを詫びたことから。
【久求都彦】「久求」にすむ男性の意。
【小野】野原のこと。「お（小）」は接頭語。
【大宮処】神が鎮座するところ。
【御園】神に供える野菜類を栽培する畑。

瀧原宮の清流

瀧原《たきはら》に初めて天照大御神《あまてらすおおみかみ》の社殿を建てる

この物語には直接出てきませんが、倭姫命《やまとひめのみこと》は、天照大御神をお祀りする対象の鏡とともに旅をしています。十九世紀ごろ西洋では、異なる文化圏の神話を比較して類似性を探ろうとする比較神話学が確立しました。そして、遠く離れた地域間の神話を比較した結果、さまざまな神話には三つ共通点があることが指摘されました。少しわかりやすくして示すと次のようになります。

①主権＝祭祀の起源
②統治＝軍事の起源
③経済＝主食の起源

国などの共同体がどのように誕生し、形成され、維持されるのかの三点について、語り継がれ、それらが、共同体を維持する根拠でもあったため、やがて神話となって語り継がれたのです。

日本では、弥生時代の古墳の副葬品に、鏡・剣・玉の組み合わせが多くみられるそうで、それらが権威の象徴であったことが窺《うかが》えます。その延長線上に三種の神器があり、九世紀ごろ天皇の権威の象徴として、鏡・剣・玉の三種が確立したものと考えられています。中でも、鏡は主権を象徴するもので、主権者は共同体の代表者として祭祀を司《つかさど》る人でもありました。

今日も本殿内の神体とは別に、扉の前に神鏡を安置している神社が数多くあります。祭りの対象は神で、鏡を直接お祀りしているのではありません。神は物体ではないので目に見えず、手に触れることができないため、神が祭りの場に降臨した象徴として鏡が必要とされるわけです。さて、神話といっても、神に関した話がすべて神話であるわけではありません。民俗学者の柳田国男《やなぎたくにお》は、語る者がその内容を信じ、神まつりのような儀式の中で語られ、一定の形式をもって伝承されたものが本来の神話と考えました。

ある対談で柳田は、神話の概念を問われ、「折口《おりくち》君も神話という言葉を使わない。私も昔話の説明以外にはあんまり使わない。少なくとも世間の人の言うように、記紀（古事記と日本書紀）に書いている言葉を神話とはみていない」と発言しています。

対談相手であった折口信夫《しのぶ》も、「私も、日本の古伝承には、神話という語に当たるものがない、というより神話というものを構成する原因が欠けていると思うのです。それで、神話という語は、特別な意味の外には使いません」と述べています。つまり、柳田や折口は、共同体ごとで、信仰を維持するために語り継がれた伝承こそが神話だと言うのです。

実は、神話という語は訳語で、もともと日本にはありませんでした。神々に関する話は物語《ものがたり》と呼ばれました。古語のいうモノは有形の物体に限らず、抽象的な無形の事象もさすことができます。超自然的な神霊もモノで、それを語ることが物語です。

桑名の河口から現在の津市のあたりまでは、おそらく海岸線を船で移動したのでしょう。松坂で阿坂山《あさかやま》の神の災いを鎮めた一行は、今度は山に分け入っていきます。四年滞在した飯野《いいの》高宮《たかのみや》は、櫛田川《くしだがわ》流域の標高が比較的高い場所と想像されます。比較的安全な海岸部を離れて、危険を伴うであろう山間部に入った理由は記されていません。おそらく、天照大御神を祭祀する形式が徐々に調《ととの》い、次に社を定期的に建造するための木材供給地の探索が始まったと考えられます。

社は恒久的な建築ではなく、毎年建て替えるものであったと思われます。櫛田川に沿って移動しているのは、木材は河川の流れを利用して運搬が可能になるからです。現在の伊勢神宮も、奥山から木材を供給するために、内宮《ないくう》は五十鈴川、外宮《げくう》は宮川《みやがわ》に近接した場所が選ばれています（外宮の宮川は現在は流れが変わり外宮の近くを流れていません）。

途中、倭姫命は櫛《くし》を落としてしまいます。そこを櫛田《くしだ》と名付け、櫛田社という神社が建てられます。そこに何をお祀りしたのかは明らかではありませんが、現存の櫛田神社は大若子命《おおわくごのみこと》を祭神としています。横長の櫛が登場するのは五世紀以降といわれるので、この時落としたのは串のような棒状の一本であったと思われます。古代、櫛は呪術に用いられたことが『古事記』などにみえ、櫛を落とすことは、神祭りが、呪術を伴った形式から、新たな形式へと進化したことなのかもしれません。そのため櫛田という地名が長く記憶されたとも考えられます。櫛田神社が大若子命を祭神とする理由は不明です。博多山笠祭りで有名な福岡市の櫛田神社はその分霊と伝わり、大若子命の別名とする大幡主大神《おおはたぬしのおおかみ》（大幡主命）を祭神としています。

櫛田から再び倭姫命は船に乗り、河口で魚が集まり、はねて船に入ります。倭姫命はそれを瑞兆《ずいちょう》と喜んで魚見《うおみ》社を建てます。

さらに進んでゆくと、天照大御神にお供えを申し出る神が参上します。国の名を問われると、「白浜真名胡《まなこ》の国」と答えます。そこに真名胡の社を建てます。真名胡は真砂のことで、細かい砂の白浜だったのでしょう。

櫛田社から点と点をつなぐように神社の創建が語られます。これらの神社はすべて現存しています。かつては度会《わたらい》氏が管理したこともあり、度会氏にとっては省略できない部分なのでしょう。この後、たいへん重要な記事が出てきます。大若子命の弟、乙若子《おとわくご》命が大麻や人型の藁《わら》人形などを用いて、倭姫命の祓《はら》いを行うのです。その際、お供の者は武装を解きます。

祓いをすることと、解剣《げけん》といって武器を収めることは、共に神に近づくための作法です。神社で拍手をする作法も、手に何も持っていないことを示す所作であったといわれます。神に近づくといいましたが、正しくは神を鎮めるべき場所に近づくための祓いと解剣なのです。遂に目的の土地に到達する見通しがたったので、これらの儀式が行われたとみるべきでしょう。

この辺りの話は若干錯綜しているようでストーリーの時間軸が乱れ、前後の話が繋がらない部分もあります。筆者はそのような錯綜こそが、この物語が古い伝承を紡いで成立している証拠と考えます。

矛盾を承知していながら、ひとつひとつのエピソードがいとおしくて、何とか繋ぎ合わせたいというこの物語の編集者の思いが伝わってきます。魚が船に飛び込んだので魚見、船の後部が浮き上がったのでウクルになったとか、ほとんどそこに住む人々以外には意味をもたない伝承ですが、単純であるからこそ、伝承してきた人々の息遣いを感じるのです。

　これは、柳田国男や折口信夫が考える神話に近いのではないでしょうか。単独では立ちゆかない伝承の断片が、周辺の共同体に残されていて、それをひとつも残すことなく繋ぎ合わせたのです。その結果、ストーリーに乱れが生じ、しかしそれを気にせず強気に話を進めているのは、この物語の主題が、まだまだ先にあるからなのです。

　どうしてもここで繋ぎ合わせておかなければいけない伝承がひとつ残されています。皇大神宮別宮の瀧原宮《たきはらのみや》創建です。瀧原宮は、度会郡の奥地、現在の大紀町《たいき》滝原にあります。鬱蒼《うっそう》とした杉の大木に囲まれ、神域を清流が貫通するなど、伊勢の皇大神宮の原型ともいわれています。

　倭姫命一行は、山から海岸沿いの伊蘇宮《いそのみや》に移動します。大若子命が「百船《ももふね》度会の国、玉拾う磯の国」と申し上げました。平野に水脈が広がり、多くの船が渡り合う玉石が広がる美しい磯辺という意味です。位置的には現在の伊勢市北部の海岸あたりになるかと思います。

　ここで御塩浜《みしおはま》と林を定めたとあります。御塩浜は、海水を乾燥させて濃い塩水を得る浜のことで、それを沸騰させて粗塩《あらじお》にするために燃料とする林も必要です。現在も伊勢神宮では、大御神に捧げる御塩を海水から自力で製造しています。そのはじまりを伝えているのです。次に真水を得るための御井《みい》も確保します。

　磯あたりで御塩と御水調達の当てをつけ、次は建築用材を求め、倭姫命は、「南の山の尾根をご覧になると、良い御殿を造営するに良い場所があるように見えます」と言います。

　宮川の西側（左岸）を上って行くと、寒川という所で川が尽きます。本流ではなく、支流に入ってしまったのでしょう。そこで船を降りた倭姫命は笠を着け、徒歩を余儀なくされます。それだけの記事なのですが、筆者は倭姫命の不屈の志に心を動かされます。皇女が山道を徒歩というのも想像を絶します。苦しい旅であったからこそ、所々で見聞する事々が重要な意味を持ってくるのでしょう。

瀬を渡ろうとすると、川に動物の死骸が流れて来ます。倭姫命はそれをきらってそこを渡りません。さらに上流に行くと、砂が流れるくらいの早瀬で、そこも渡ることができません。困っているところに真名胡神《まなこのかみ》が現れて一行をお渡しします。

この神は、櫛田川遡上の場面で一度登場しているので、時間軸が錯綜しているようですが、ここで真名胡神が登場しなければ、倭姫命は瀧原の地にたどり着くことができないのです。櫛田川とは別の真名胡神なのか判然としませんが、ここで登場した真名胡神は、現在も皇大神宮摂社の多岐原《たきはら》神社に祀られています。

真名胡神は国名を「大河の瀧原の国」と申し上げます。この神の働きによって現在の瀧原宮の地に到達したのです。そこで大和の宇多から同行してきた大宇祢奈《おおうねな》に荒草を刈らせて社殿を建てます。実は、この物語で天照大御神の社殿が建てられるのはここが初めてで、少なくとも当初は瀧原を大御神の大宮処《おおみやどころ》とする考えがあったことを物語っています。しかし、いかなる理由かわかりませんが、倭姫命は、瀧原の地は大御神の思われる場所ではないと判断して瀧原を離れます。

一行は宮川を来た時とは反対側の南側（右岸）を下ります。途中、久具都《くぐつ》神社（現在、久具都比売《くぐつひめ》神社）、園相《そない》神社など、現在も皇大神宮の摂社末社がある縁《ゆかり》の地を通りながら進んでゆくと、大若子命が船を率いて一行を迎えます。徒歩の旅を続けていた倭姫命は大喜びです。ここでも大若子命は大活躍、面目躍如です。

ここからいよいよ天照大御神は五十鈴の川上を目指して行くのです。

瀧原宮近くの山々

伊勢の空

五十《い》鈴《すず》川《がわ》を進む

倭姫命《やまとひめのみこと》は、さらにお進みになると美しい野原がありました。倭姫命は心惹かれて、すぐさまその場所を目弓野《めでの》と名付けられました。また、その場所にあった丸い小山を、都不良《つぶら》と名付けられました。さらに進むと、沢へと通じている野がありました。そこを沢道《さわち》の小野《おの》と名付けられました。

倭姫命が行幸を続けていらっしゃると、大若子命《おおわくごのみこと》が川から御船を率いてお迎えに参上しました。倭姫命は大いに悦《よろこ》ばれて、大若子命に、「良い宮処はありますか」とお尋ねになりました。すると大若子命は、「さこくしろ宇遅《うじ》（宇治）の五十鈴の川上に、良い宮処がございます」と申し上げました。

また倭姫命はお悦びになって、「この国の名は何と言うのですか」

【目弓野】心惹かれて愛でたことから。

【都不良】小さくてまるいさまを「つぶら」ということから。

【さこくしろ】「五十鈴」にかかる枕詞。

とお尋ねになりました。**大若子命**は、「御船《みふね》の向田国《むくたのくに》でございます」とお答え申し上げました。一行はそこから御船に乗ってさらにお進みになりました。行幸にあたって、神聖な楯《たて》と矛など様々な御神宝を留め置いた場所は、忌楯小野《いむたておの》と名付けられました。

その地から御船で進んで行くと小さな浜があり、そこに鷲《わし》を取る老翁がおりました。**倭姫命**は、「御水を飲みたいです」とおっしゃって、その老翁に「どこかに良い水がありますでしょうか」と尋ねられました。するると、その老翁は冷たい御水を差し上げました。**倭姫命**は、それをお褒めになって、その地の河口に水饗《みあえ》神社をお定めになり、その浜は鷲取《わしとり》の小浜《おはま》と名付けられました。

その後、二見《ふたみ》の浜に御船でお出ましになり、**大若子命**に「この国の名は何と言うのですか」とお尋ねになりました。**大若子命**は「二度もご覧になる二見国でございます」と申し上げました。その浜に御船を留めていると**佐見都日女**《さみつひめ》が参上しました。**倭姫命**は、「汝《なんじ》の

【御船の】「向田」にかかる枕詞。

【忌楯小野】「忌」は、神事に関する名詞に付いて、神聖・清浄の意を表す。神聖な楯を野原に置いたので「忌楯小野」。

【佐見都日女】伊勢市二見の堅田神社に祀られている祭神。この土地の神か。

国の名は何と言うのですか」とお尋ねになりました。

ところが、**佐見都日女**は**倭姫命**のお言葉が聞こえず、お答え申し上げることはできませんでした。その代わりに多くの堅塩《かたしお》をご馳走《ちそう》として**倭姫命**に奉りました。その姿を**倭姫命**は愛《いと》おしくお思いになって、その地に堅多社《かたたのやしろ》をお定めになりました。このとき**大若子命**は、その浜をお供えの御塩《みしお》を焼く御塩浜とし、また辺りの山を塩を焼くための薪を切り出す御塩山とお定めになりました。

そこからお進みになると、五十鈴川の河口の入り江にさしかかりました。そのとき**佐美川日子**《さみつひこ》が参上しました。**倭姫命**は、「この川の名は何と言うのですか」とお尋ねになると、**佐美川日子**は「五十鈴川の川後《かわじり》でございます」とお答えになりました。そこで、その地に江《えの》社《やしろ》をお定めになりました。

また、**荒崎姫**《あらさきひめ》が参上したので、**倭姫命**が国の名を尋ねると、「**皇大神**《こうたいじん》の御前の荒崎でございます」とお答え申し上げました。

【堅塩】煮詰めた荒塩を型に入れて焼き固めたもの。現在も、伊勢神宮の祭典で使用する。

【荒崎姫】伊勢に多く祀られている土地の神・国生神の子という。神宮外宮に奉納する御贄採取の守り神とされている。

倭姫命は「**皇大神**の御前であるとは、畏れ多いことです」とおっしゃって、その地に神前社《こうざきのやしろ》をお定めになりました。

そこから、その入り江の奥へお進みになり、御船の停泊したところを御津浦《みつうら》と名付けられました。さらに奥の方にお進みになると小さな島がありました。**倭姫命**は、その島にお立ちになって、山の頂きや川の周辺に開けた土地を御覧になると、大きな家屋の門が建つような開けた良い地がありました。そこまで上られると、そこを大屋門《おおやと》と名付けられました。

さらにお進みになって、神淵河原《かむふちかわら》まで行かれると、稲を植えるときに肥料とする苗草を頭に載せた老女が参上しました。**倭姫命**は、「汝は、何をしているのですか」とお尋ねになったところ、老女は、「私は苗草を取る女で、名は**宇遅都日女**《うじつひめ》でございます」とお答えになりました。また**倭姫命**は続けて「なぜ、そのように苗草を頭に載せているのですか」とお尋ねになると、老女は「この国では、このように見えます

【皇大神】 日本の最高の神の称号。すなわち天照大御神のこと。

【宇遅都日女】 荒崎姫の姉妹といわれる。「宇遅」とは「宇治」のこと。宇治比売命（うじひめのみこと）とも。宇国津御祖（くにつみおや）神社の祭神。

のは、いつものことでございます」と申し上げました。そこで、そこを鹿乃見《かのみ》と名付けられました。老女は、「なぜ、そのようにお問いになるのですか」と**倭姫命**に対してお咎《とが》めになったので、その地を止鹿乃淵《とがのふち》と名付けられました。

そこからさらに、矢田宮《やたのみや》にお出ましになり、次に家田《やた》の田上宮《たがみのみや》にお遷《うつ》りになられました。その宮に**倭姫命**がいらっしゃるときに、度会《わたらい》の**大若子命（大幡主命《おおはたぬしのみこと》）**が、**天照大御神《あまてらすおおみかみ》**の朝の御饌《みけ》、夕の御饌の御田をお定めになれられました。この御田は宇遅の田の上手にあり、いまでは抜穂田《ぬきほた》と名付けられ、御饌のために稲穂を抜く神事が行われています。

【鹿乃見】このように（かのように）見える、というところから「かのみ」。

【止鹿乃淵】とがめたことから「とがの」。

【稲穂を抜く神事】抜穂祭（ぬいぼさい）のこと。祭典にお供えする御料米の初穂を抜き奉るお祭り。

内宮の榊

紅葉の五十鈴川

堅塩《かたしお》を造る二見《ふたみ》は神話と現在が交わる空間

一行は伊勢《いせ》湾沿岸を船で南下して、現在の伊勢市大湊《おおみなと》の鷲浜《わしはま》辺りの狭い浜で鷲を捕る老人と出会います。

倭姫命《やまとひめのみこと》が老人に良い水のある場所を尋ねると、老人はそれに応えて冷たい水を差し上げます。海岸近くに湧く水は潮の香りがするものです。それを冷たいと言っているのは、真水が出る井戸があるからで、良質な水脈の存在を示しているのでしょう。

大湊は、伊勢市街地を流れる勢田川《せたがわ》の河口に位置します。勢田川は外宮《げくう》へお供え物などを運ぶ重要な運河の役を担っていたので、御贄川《みにえがわ》とも呼ばれました。大湊には豊受《とようけ》大神宮摂社の御食《みけ》神社が祀られ、運河であったなごりを伝えています。

鷲浜の話は、その御食神社の創建伝承にも登場します。これまでも様々な在地の神や人に出会いましたが、鷲捕り老人のように、特定の名前がない人が登場するのは初めてです。名前がない方が、かえって印象を深めているのです。おそらくこの話は、後にその周辺が豊受大神宮の御料地となる起源が付随していたものが、何かの事情で断片になってしまったと思われます。

勢田川河口を過ぎると二見という土地になります。一行が船で進んでゆくと、二見で佐見都日女《さみつひめ》が参上します。倭姫命が国の名を尋ねますが、佐見都日女はなぜか返事をせずに、立派な堅塩をたくさん献上します。堅塩とは水分を多く含んだ粗塩《あらじお》を素焼きの土器の器に入れて竈で焼き固めたものをいいます。堅塩にすると保存や運搬に便利なのです。古代においてはたいへん貴重であったと思います。

倭姫命は堅塩の献上を喜んで堅多《かただ》社を建てます。現在の皇大神宮摂社堅田神社です。大若子命《おおわくごのみこと》は、その土地を天照大御神に捧げる御塩《みしお》を造る御塩浜《みしおはま》とし、さらに塩を焼くための燃料を得る御塩山《みしおやま》も定めます。

ここで佐見都日女が国名を問われても返答しなかったのはなぜか、筆者はその疑問を次のように解釈していました。国名を問われて返答することは、服従を誓い、土地を献上してもよいとの意思表示でもありました。しかし、佐見都日女の所有する堅田《かただ》は潟田のことで、潟にある塩田です。潟は満潮になると海水に沈み土地がなくなってしまいます。つまり献上することができない土地なのです。返答しなかったのはそのためでしょう。気をつけていないと読み過ごしてしまいそうな場面ですが、このように伝承にはある意味で真実が含まれているようです。

現在も伊勢神宮では、二見の御塩浜で濃い塩水を得て、御塩殿で粗塩にし、さらに御塩焼所で堅塩にして、それを外宮に運び、日々のお供えや御祓《おはら》いなどに用いています。

満潮で塩田に海水が砂浜に満ち、干潮で海水が引いて塩田が乾燥すると、浜砂に塩分が付着します。その浜砂をかき集めて海水で漉《こ》すと塩分濃度の濃い鹹水《かんすい》が得られます。それを沸騰させて水分を除くと粗塩が採れます。それでも粗塩は水分を多く含んでいますので、竈の火で炙って堅塩とするのです。その作業を、伊勢神宮では御塩焼き固めと呼びます。

海水から塩を造ることは、現在は日本からすっかり姿を消してしまいましたが、伊勢神宮では現在も続けられています。倭姫命のお定めによるのが大きな理由だったのでしょう。古代から現在に続く伊勢神宮の御塩造りの始まりを、この物語は明らかに伝えているのです。

二見は神話と現在が交わる貴重な空間といえます。

一行はさらに進んで、五十鈴川《いすずがわ》の河口の入り江に到着します。そこには佐美川日子《さみつひこ》がいます。サミとは古い地名のようで、先に登場した佐見都日女と男女の対をなす神と考えられます。

二見から先は内宮《ないくう》のテリトリーです。内宮から流れる五十鈴川が二見で海に注ぐことから、二見が内宮の海の玄関口になるのです。いわば二見は皇大神宮の正式な入り口に当たる訳です。

倭姫命が川の名を問うと、「五十鈴川の川後《かわじり》」と答えます。少し変な答え方です。川の名を聞かれているのに、場所を返答しているからです。おそらく、このあたりでは場面転換が多いので、現在地を佐美川日子に語らせているのでしょう。物語が口から耳へと伝えられていた頃の名残と思われます。

次に出会った荒崎姫《あらさきひめ》は、地名を「皇大神御前《みまえ》の荒崎」と答えます。倭姫命は「畏れ多い」といって神前社《こうざきのやしろ》を建てますが、皇大神宮鎮座以前の段階で、その御前にある荒崎と言うのはおかしいので、神前と荒崎の発音が似ていることによる錯綜だろうと思います。その後、これと似たような地名由来伝承を交えながら五十鈴川を上ってゆくと、たいへん印象深い場面になります。

五十鈴川の神淵河原《かむふちかわら》というところで、苗草を担いだ宇遅都日女《うじつひめ》という老婆に出会います。倭姫命が、なぜそのように苗草を担ぐのかと問うと、「この国はカノミヤモイ」と老婆は答えます。カノミヤモイの意味はわかりません。それが鹿乃見《かのみ》（現在の鹿海町《かのみ》）の地名伝承となるのですが、倭姫命は地名を聞いたのではなく、なぜそのように物を担ぐのかと所作の由来を尋ねたのです。

本来返答は、「それはこの国がカノミヤモイだからです」にならないと辻褄《つじつま》が合いません。

仮にカノミが地名であったとしても、ヤモイは何をさすのかわかりません。古い伝承がそのまま伝わっているのでしょう。この物語の編纂者もヤモイがわからないことばと気づきながら、あえてそのままにしたとしか考えられません。

この部分などは、古伝承を余り整形していないことを想像させます。意味が通じないから話が信頼できないのではなく、意味が通じないからこそ、この話が古伝承と認められるのです。この物語に、このような未整形部分が残っていることに、筆者は心惹かれます。

さらに老婆が倭姫命に、どうしてそのようなことを尋ねるのかと反問します。原文では「何ぞかく問い給う、と咎めもうしき」となっており、そこから止鹿乃淵《とがのふち》という地名になったと記されています。今までは、倭姫命一行の遷行を知った地元の神々は、みな馳せ参じて土地などを献上しているのに対して、宇遅都日女という老婆は、「どうしてそんなことを聞くんじゃい」という感じで反対に倭姫命に詰問しているのです。なんというぶっきらぼうな老婆なのでしょうか。

おそらく、このあたりの舞台の宇遅《うじ》（現在の宇治）は、すでにこの部分の話を伝承してきた人々の生活圏内に入ったのでしょう。物語を聞いている者には、鹿乃見も止鹿乃淵も実景が浮かんでいるのです。現実の地名と、物語が具体的にリンクするから宇遅都日女という老婆の強烈なキャラクター生み出されたのです。そのあたりの感覚を、上手く勘案して読まないと、物語の本当の面白みが摑めないのかもしれません。

そして、五十鈴川で連なっている土地を通って、この一連のお話はクライマックスへと入って行きます。

一行は矢田《やた》の宮、次いで家田《やた》の田上《たがみ》の宮に遷行し、大幡主命《おおはたぬしのみこと》が天照大御神に捧げる朝夕の御饌《みけ》の御田《みた》を定めます。大幡主命は大若子命の別名とされますが、別名で登場する理由がわかりません。何らかの意図があったはずです。

大幡主命が大若子命の別名であることが、その子孫を自称する度会《わたらい》氏には明らかなことなので、何の説明もなく大幡主命を登場させたのかもしれません。

また、ここから先は度会氏といえども、皇大神宮の鎮座伝承に自分たちの先祖を関与させることが憚《はばか》られたのでしょう。大若子命も活躍の場が少なくなるので、後に天皇から戴く大幡主命という名称を用いたものと思われます。前後の話を総合すると、家田は位置的に現在神宮神田《じんぐうしんでん》がある伊勢市楠部《くすべ》町あたりと考えられます。皇大神宮から三キロ程度の距離にあり、御田を営むには五十鈴川の水利もよく最適な場所といえます。

物語では、大御神の朝夕の御饌に供えるための田を、抜《ぬ》き穂田《ほた》と呼んでいます。稲穂を鎌で一気に刈り取るのではなく、神に捧げるために実りの良い稲穂を選りすぐって抜き取っていたからそう呼ぶのでしょう。

現在も伊勢神宮の神田では、種下ろしに際して神田下種祭《しんでんげしゅさい》、収穫はじめには抜穂祭《ぬいぼさい》が行われています。

川霧をまとう五十鈴川

天照大御神《あまてらすおおみかみ》が思い定めた地

そこから行幸なさって、**倭姫命《やまとひめのみこと》**は奈尾之根宮《なおしねのみや》にお出ましになりました。このときに出雲《いずも》の神の子である**吉雲建子命《よしくもたけこのみこと》**と、その子**大歳神《おおとしのかみ》**、**桜大刀命《さくらおおとじのみこと》**、山の神である**大山祇神《おおやまつみのかみ》**、**朝熊水神《あさくまのみなとのかみ》**たちが、五十《い》鈴《すず》の入り江の港にて、**倭姫命**にご馳走《ちそう》を奉りました。

ちょうどそのとき、**宇治土公《うじのつちぎみ》**の祖先である**大田命《おおたのみこと》**が参上しました。**倭姫命**が「汝《なんじ》が国の名は何と言うのですか」とお尋ねになると、「さこくしろ宇遅（宇治）の国でございます」と申し上げて、神田を献上しました。

また、**倭姫命**は、「良い宮処がありますか」とお尋ねになると、**大田命**は「さこくしろ宇遅の五十鈴の川上は、これは大日本の国のなかにおいても、格別に優れて神秘的な地でございます。そのなかに、

【出雲の神】詳細不明。『伊勢国風土記』逸文にその名がみえる。

【吉雲建子命】『伊勢国風土記』逸文によれば、伊勢の国神。原書『倭姫命世記』には、またの名を伊勢都彦神（いせつひこのかみ）、櫛玉命（くしたまのみこと）という、とある。伊勢都彦神の名から「伊勢国」の名が名付けられた。

【大歳神】吉雲建子命の子。『古事記』には須佐之男命（素戔嗚尊）の子としてその名がみえる。

【桜大刀命】「大刀」は「大刀自」のことで女性の尊称。記紀には登場しない。木花開耶姫の別称ともいわれる。

私が三十八万年の一生涯を通して、まだ見たこともない霊妙なものがございます。それが照り輝くさまは、まるで太陽や月のようで、これは並大抵の物ではございません。いつかきっと、この国の主である偉大な**天照大御神**が現れ、御鎮座になる場所となるでしょう。そのため、そのときに**天照大御神**に献上しようと思い、私はその地に敬意を込めてお祀りしております」と申し上げました。

そこですぐに**倭姫命**はその地に赴かれ、ご覧になりました。この地、風早の伊勢国《いせのくに》、五十鈴川の川上は、その昔、**天照大御神**が豊葦原《とよあしはら》の瑞穂《みずほ》の国（日本）の中で、御殿を建てるのに相応《ふさわ》しいと思い定めた土地でした。伊勢は、**天照大御神**が、天の逆太刀、逆桙《さかほこ》、金の鈴などの神宝を天から投げ下ろした場所だったのです。**倭姫命**は、心の内で大変お悦《よろこ》びになり、その旨を朝廷にご報告申し上げたのでした。

【朝熊水神】水門の神。記紀には登場しない。伊勢の朝熊神社の祭神。

【宇治土公】伊勢神宮の旧神官。猿田彦神の子孫とされる。猿田彦神は、天孫降臨の際、天孫を誘導した。

【大田命】五十鈴川上の地主神。猿田彦神の子孫。宇治土公の祖。

【風早の】枕詞。「風早」は「みほ」にかかるが、ここでは「伊勢」にかかっている。

【天の逆太刀、逆桙、金の鈴】伊勢に伝わるとされる神宝。

垂仁天皇《すいにんてんのう》二十六年、五十鈴《いすず》川上にお鎮まりになる

この部分は複数の伝承を一篇に纏《まと》めたと思われます。皇大神宮鎮座には、度会《わたらい》氏の先祖は直接関与しなくなり、代わりに準主役的活躍を見せるのが猿田彦神《さるたひこのかみ》など伊勢の在住の神々です。準主役の交代は、素《もと》となった伝承が別系統に移ったからと思われます。つまり、ここからしばらくは、度会《わたらい》氏の伝承ではなく、猿田彦神の末裔《まつえい》である宇治土公《うじとこ》氏の伝承が反映していると考えられます。

「それより幸行きしたまひ、奈尾之根《なおしね》の宮に座《ま》しまし給《たま》ふ」とありますが、それよりというのは、家田《いえた》の田上《たかみ》の宮からとしか読めませんので、田上の宮から奈尾之根の宮に遷行したことになります。

田上の宮から五十鈴川上までは本当にわずかな距離です。目的地を目の前に、あえて伝承地すら伝わらない奈尾之根の宮に遷《うつ》ったことは実に不思議です。一つの考えとして、度会氏と宇治土公氏の異なった伝承を繋いだ結果そうなったと考えられます。度会氏と宇治土公氏の伝承では、地名が異なっていたのでしょう。両伝承を繋ぎ合わせた結果、逆戻りしたような矛盾が生じたと考えられます。

いずれにしても余り上手な繋ぎ方とは言えませんが、逆にこの物語の素朴さを感じられる部分でもあります。

奈尾之根の宮は五十鈴川の河口らしく、そこでの出来事は次のように記されています。

時に、出雲《いづも》の神《かみ》の子《こ》の吉雲建子《よしくもたけこ》の命《みこと》、一《また》の名を伊勢都彦《いせつひこ》の神、
一《また》の名《な》を櫛玉《くしたま》の命《みこと》、並びに其《そ》の子《こ》大歳《おほとし》の神・桜大刀《さくらおほとじ》の命、
山の神大山罪《おほやまつみ》の命・朝熊《あさくま》の水《みなと》の神等《かみたち》、
五十鈴川後《かわじり》の江にて、御饗奉《みあへたてまつ》りき。

　時に、猨田彦《さるたひこ》の神《かみ》の裔《はつこ》宇治《うぢ》の土公《つちきみ》が 祖《とほつおや》 大田《おほた》の命《みこと》参《まゐ》り相《あ》ひき。

ここでは吉雲建子の命（出雲の神の子で別名を伊勢都（津）彦の神または櫛玉の神という）と、その子供である大歳の神、桜大刀の命、大山罪の命（大山祇神）、そして朝熊の水の神の五柱の神が、五十鈴川の河口で天照大御神にお供え物を奉ったと言っているのです。

つまり、ここでは出雲系の神々が大御神にお仕えしているのです。吉雲建子の命の別名である伊勢都（津）彦の神は、本来は伊勢国の領有者で、伊勢在来の国つ神だったのでしょう。

奈良時代に成立したとされる『風土記《ふどき》』に、伊勢国の記事は散逸してしまい、逸文《いつぶん》という数編の短い断片しか伝わらないのですが、その中の二編に伊勢都（津）彦の神が登場し、国名が伊勢になった由来が語られています。

一つ目は、神武天皇《じんむてんのう》の命令で伊勢国を平定に来た天日別命《あめのひわけのみこと》に、伊勢都（津）彦の神は一旦は拒絶の姿勢を見せますが、天日別命の軍勢を目にすると、夜中に海に大風を起こし、高波を起こし光り輝きながら信濃に立ち退きます。そしてかつての支配者名から国名が伊勢になったと記しています。

二つ目の逸文では、伊賀の安志の社にいる出雲の神の子で、出雲建子《いずもたけこ》の命、別名を伊勢都（津）彦の命、または天櫛玉命といい、この土地（後の伊勢国）に石造りの城を築いて占領し、その土地の神を撃退したので伊勢という と記しています。

後者の説と、倭姫命《やまとひめのみこと》の物語は類似していますので、同じ系統の伝承に依っていると考えてまちがいないでしょう。

さて、ここからが大御神が五十鈴川上に鎮座する重要な部分となります。大御神に御饗《みにえ》を奉った時、猿田彦の神の子孫である宇治土公氏の先祖に当たる大田の命が参上するのですが、ここでは大田の命、猿田彦の神、宇治土公氏の関係がわかりにくい表現になっています。これは宇治土公氏の立場で表現された伝承だからでしょう。

つまり、猿田彦の神も大田の命も両方宇治土公氏の先祖であると言っているのです。大田の命は、猿田彦の神の別名とする説もありますが、別々の神と認識されていたので、このような複雑な説明にならざるを得なかったのだと思います。

ここで太田の命は、倭姫命に国の名を尋ねられ「さこくしろ宇遅の国」と返答します。

倭姫命は、御饗を行っている現在地ではなく、大田の命の在所名を尋ねたのですが、現在地を答えたようです。サコクシロは枕詞の一種で、本来は五十鈴にかかっていたものが、五十鈴川の流域である宇治にもかかるようになったのでしょう。サコクシロの意味は、サククシロという口の裂けたクシロ（鈴）のついた腕飾りとする説や、『伊勢国風土記』（逸文）は、川の水が流れて川底に至る意味と説明しています。

続いて「よい宮処がありますか」との問いかけに対する大田の命の返答が実に印象的です。「さこくしろ宇遅の五十鈴の川上には、日本国内で特にすぐれて霊妙な場所があります。そこに私が三十八万年の間、未だ見たことがない神聖な物があり、それは太陽や月のように照り輝いているそうです。そこは尋常な土地ではなく、必ずや優れた所有者が現れることだろうと思い、その方に献上するために大切にお祭りを行って参りました」と答えるのです。

倭姫命がその処に行ってみると、かつて天照大御神がある誓いを立てた時に、伊勢《いせ》風早《かざはや》の国にはよい宮処があるとご覧になり、そうお決めになった処だったのです。

大田の命が言うそこにある神聖な物とは、大御神が天上から投げ降ろした三種の宝物（天逆太刀《あめのさかたち》、逆矛《さかほこ》、金鈴《かねすず》）と判明します。

第五章「船上の皇女」で、『伊賀国風土記』（逸文）に、伊賀《いが》は年魚《あゆ》などの魚がたくさん捕れると書いてあることを紹介しましたが、実はその文の前半部に、伊賀と猿田彦の神の関係、また天照大御神が天上から投げ降ろしたという三種の宝物についても書かれているのです。

『風土記』によると伊賀国は、元来伊勢国に含まれていて、猿田彦の神が二十万年間所有していました。娘の吾《あ》娥津《がつ》媛命《ひめのみこと》は三種の宝物のうち金鈴をお守りし、やがて吾娥《あが》郡と称し、やがてアガがイガとなったと説いています。

この伊賀の逸話と、先に述べた伊勢津彦の神の一件も『風土記』の内容と酷似していますので、地元では割と有名な話だったのかもしれません。

大田の命は、尊い神の鎮座地になるに違いないと確信して、三十八万年間その土地を守っていたと言いました。三十八万年という数字は、仏教の経典の影響と考えられます。仏典には劫《ごう》という時間の単位があり、その素《もと》となったヒンドゥー教では、一劫は四十三億二千万年とされます。その一億倍が億劫《おっくう》、計算不可能な無限大を永劫《えいごう》といいます。

また、那由多《なゆた》や阿僧祇《あそうぎ》といった、もはや数えることが不可能な数値も出てきます。おそらくこのような壮大な数値を示して圧倒する仏典の影響を受けた数字が三十八万年なのでしょうが、一劫が四十三億二千万年なのに比べると、かなり控え気味な数字に見えてしまいます。

ここの部分は、大御神の鎮座地に相応《ふさわ》しい理由が、次から次へと畳みかけるように列挙されます。その場所が旅の途中で偶然見つけた土地ではなく、大御神が予《あらかじ》め定めて、大田の命が守ってきた約束の土地であることが明らかにされるのです。そして、ついに約束の地に至ったことを、倭姫命はたいへん喜び、その旨を朝廷に報告します。

そうして垂仁天皇《すいにんてんのう》の二十六年（紀元前四）十月甲子《きのえね》の日、天照大御神は五十鈴の川上にお鎮まりになります。その時、倭姫命は大勢のお付きの神々に次のように宣言します。「五十鈴の原の荒草や木の根を刈り払い、大石小石を平らにし、遠い山や近い山の大きな山あい、小さな山あいに立つ木を斎部《いんべ》の忌斧《いみおの》で伐り取り、その先端と切り口は山の神に捧げて、その中間を運んで斎鉏《いみすき》で斎柱《いみばしら》を立て（一名を天《あめ》の御柱《みはしら》、一名を心《しん》の御柱）、高天原《たかあまのはら》に届くような高い千木を上げ、下つ磐根に大宮柱をどんと立てて、天照大御神と荒魂宮《あらみたまのみや》・和魂宮《にぎみたまのみや》としてお鎮めする」。

これが大御神の鎮座の瞬間です。この場所へは御船《みふね》でたどり着きました。川岸で倭姫命の長い御裳《みも》の裾が五十鈴川で洗われたのです。それ以来、五十鈴川を御裳濯川《みもすそがわ》とも言うのです。

倭姫命の鎮座宣言の中心は斎柱を立てることです。この御柱は、現在でも遷宮のたびに正殿床下に立てられ、心の御柱と言われる神秘の柱とされています。

二十年に一度の式年遷宮で、現在でも最初に伐採されるのは、心の御柱の用材です。

心の御柱の用材を得る祭りを木本祭《このもとさい》といい、伐り口より下部（根元）が本《もと》、伐採後に切り取られる最上部を末《すえ》といいます。本と末は用材としては用いないので、原則として山に戻します。

木本祭の祭場となる場所は明らかにされず、人目のない深夜に伐採され、直ちに御稲御倉《みしねのみくら》に格納されます。

宮大工が正殿を造りあげ、神宮側に引き渡されると、また深夜に御稲御倉から心の御柱の用材を取り出し、数人の神職が正殿床下に柱を立てます。

正殿内には天照大御神の神鏡が安置されていますが、この心の御柱が、天照大御神をお祀りする際の直接の対象とされてきました。御柱が祭りの際、大御神の依りましだからです。

大御神鎮座の様子は、基本的に『延喜式』記載の大殿祭祝詞《おおとのほかいのりと》が参考にされているようですが、荒魂と和魂に関する部分は『延喜式』には見えないので、この物語独特のものと言えます。原文では次のようになっています。


天照太神《あまてらすおほみかみ》並びに荒魂《あらみたま》の宮・和魂《にきみたま》の宮と鎮め坐《ま》さしめ奉《まつ》る

この部分は、すっと読めてしまいそうなのですが、実は非常に難解です。

一般に荒御魂《あらみたま》は荒々しく、和御魂《にぎみたま》は穏やかな御魂と解釈されていますが、そのように簡単に説明ができるものではありません。

伊勢神宮では天照大御神の荒御魂は別宮《べつぐう》の荒祭宮《あらまつりのみや》に祀られていることから、皇大神宮正殿には和御魂が祀られているとする、和荒を一対の単純な図式でもなさそうです。

ここはやや難しい部分なのですが、原文を素直に読むと、「並びに」以下は、天照大御神と荒魂宮と和魂宮を併せて祀ったという意味にとれますが、それでは三つの宮が存在することになります。しかし、伊勢神宮の歴史の中で、和御魂宮が独立して存在した形跡は認められません。

そうすると、この文は荒和の二宮を並べて建てたのか、大御神の宮に並べて荒和二魂の宮を建てたのか、もしくは大御神の宮の中に荒和二魂を併せて祀ったのか、三通りの解釈ができます。

これは完全に理解することが困難な一文なのですが、荒和二魂をどのように解釈するかが重要な鍵となります。

荒和二種の用例は、他にも荒妙《あらたえ》と和妙《にぎたえ》、荒世《あらよ》と和世《にぎよ》、荒稲《あらしね》と和稲《にぎしね》などがあります。

荒妙は織り目の粗い麻のような布帛で、和妙は織り目の細かな絹のような布帛です。荒稲は籾が付いた精製していない状態の稲で、和稲は籾を取って精製した稲を言います。

荒はできたてで新しいことに神聖さがあり、そのため神への捧げ物とされ、和は精製されて完璧に仕上がったところに価値があり、神への捧げ物となるのです。様々な考えがあると思いますが、筆者は荒御魂とは、荒《あら》の語源が生《あ》れ・現《あれ》・新《あら》であることから、生まれて現れた新しい神聖な御魂で、和御魂は和《にぎ》の語源がきめ細かなやわらかさを表す柔《にこ》なので、立派に成長した完璧な御魂であろうと推察しています。荒は新しいことに、和は完璧なことに価値があるのです。

御魂は他の御魂と接触させることで変化させることができます。接触を古語では「触《ふ》ゆ」といい、「振る（震《ふ》る）」や「増《ふ》ゆ」も関連したことばです。御魂を招き寄せることを招魂《たまふり》といい、元から存在する御魂に招いた御魂を接触させて、威力の増加を期待することから、神の神威を恩頼《みたまのふゆ》というようになったのでしょう。

大御神の御霊に、荒御魂と和御魂を接触させて神威の更新をはかるのが、毎年神嘗祭《かんなめさい》を行う原初的理由なのではないかと筆者は考えています。

伊勢神宮では、荒御魂を祀る宮は荒祭宮として別宮に発展しましたが、和御魂に関しては大御神の御魂と同化するため、独立し得なかったのだと思います。ですから、正殿に祀られているのは大御神の和御魂とする解釈は、半分正解のような気がしています。

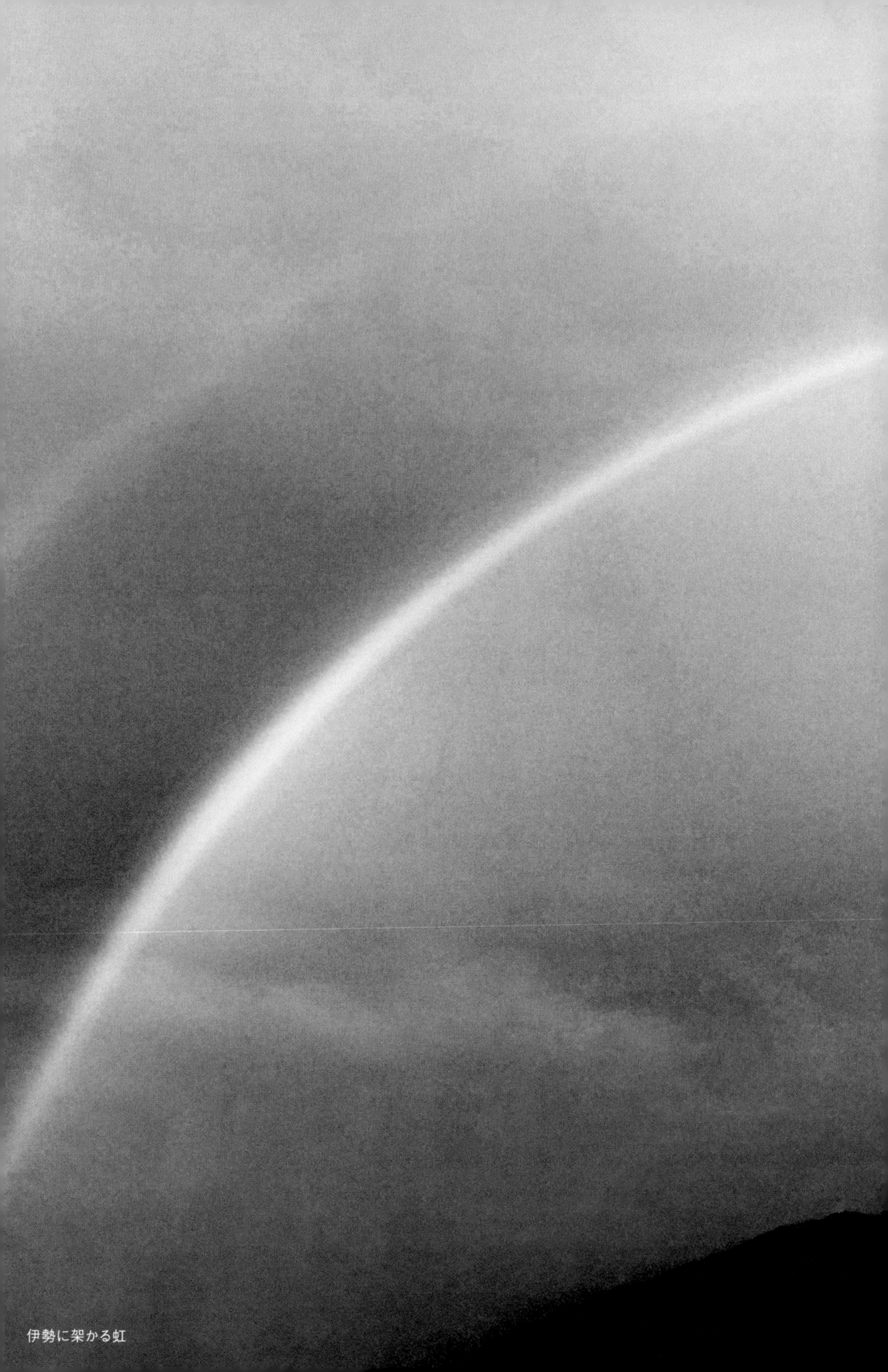

伊勢に架かる虹

【十二】常世の浪の敷浪寄せる国 ［新訳］

五十鈴川《いすずがわ》に御裳《みも》をすすぐ

垂仁天皇《すいにんてんのう》二十六年の十月に、**倭姫命**《やまとひめのみこと》は**天照大御神**《あまてらすおおみかみ》を度会《わたらい》の五十鈴の川上にお遷《うつ》し申し上げました。

この年に**倭姫命**は、**大幡主命**《おおはたぬしのみこと》の一族、そのほか大勢の人たちに「五十鈴の原の荒草や木の根を刈り払い、大きな石や小さな石を平らにして土地を整え、遠くの山や近くの山の大小の山間に立つ木を、斎部《いんべ》が清めた斧で伐り採り、その木の根と枝葉は山の神に奉り、幹を持ち出して清めた鋤《すき》で斎柱《いみばしら》を立て、高天原《たかあまのはら》に届くほどの高さに千木《ちぎ》を造り構え、地底の岩に届くほどに大宮の柱をしっかりと立てて、**天照大御神**ならびにその荒魂《あらみたま》と和魂《にぎみたま》をお鎮め申し上げる宮としてお造り申し上げる」とおっしゃいました。

そして**美船神**《みふねのかみ》や**朝熊水神**《あさくまのみなとのかみ》たちが、**倭姫命**を御船にお乗せに

【大幡主命】大若子命（おおわくごのみこと）のこと。72ページ。この頃より、大幡主命と名乗るようになる。

【斎柱】正殿の心（しん）の柱。伊勢両宮の神殿の床下中央に建てられた檜の掘立柱をいう。天御柱、心御柱ともいう。

【荒魂と和魂】「荒魂」は神の勇猛で荒々しい神霊の作用のことで、「和魂」は神の優しく静かな神霊の作用のこと。神の霊魂が持つふたつの側面のことをいう。

【美船神】原書『倭姫命世記』にのみ名のみえる神。

なって、五十鈴の川上にお遷りになりました。

このとき五十鈴川で、倭姫命のお召しになった御裳《みも》の裾《すそ》が長く、これまで各地を巡られて汚れておりましたので、その裾を洗い清めました。

そのため、それ以降、この川の辺を御裳裾川《みもすそがわ》というのです。

倭姫命《やまとひめのみこと》は高貴な皇女で、日本第一の巫女《みこ》

天照大御神《あまてらすおおみかみ》が伊勢に祭られる経緯は『日本書紀』にも記されています。


垂仁天皇《すいにんてんのう》二十五年三月十日に、天照御大神を豊鍬入姫命《とよすきいりひめのみこと》から離して、倭姫命におつけになった。

そこで倭姫命は、天照大御神を祀る土地を求めて、菟田《うだ》の筱幡《ささはた》に行き、
そこからめぐって近江国に入り、東方の美濃をめぐって伊勢に到着した。

この時、天照大御神が倭姫命にお告げを下し、

「この神風の伊勢の国は、常世《とこよ》から浪《なみ》が寄せては帰るところ。

都から離れていますが豊かな国です。この国にいたいと思います」

倭姫命は天照大御神のお言葉の通りに、大御神の社を伊勢の国に建てました。

そして大神を祀るために斎宮を五十鈴《いすず》の川上につくりました。

これを磯の宮といいます。ここが天照大御神が初めて天よりお降《くだ》りになったところです。


現代語にしても、少しわかりにくい部分がありますが、倭姫命の物語と併せて読んでみると、この『日本書紀』の一文は、たいへん重要なことを伝えていることが理解できます。

天照大御神が、おそらく倭姫命に憑依《ひょうい》して告げた、「この神風の伊勢の国は、常世から浪が寄せては帰るところ。都から離れていますが豊かな国です。この国にいたいと思います」というお告げは、大御神の伊勢鎮座が、正しく大御神の神意であったことを『日本書紀』は述べているのです。

『日本書紀』では伊勢鎮座の理由を、常世から浪が寄せては、また常世に帰って行くところであることを第一に挙げています。常世とは海上の彼方《かなた》にあるとされる先祖の霊が鎮まる他界のことです。その常世と伊勢とは、物理的には断絶しているが、浪が寄せては帰るほどの繋がりがあるのです。はっきりとは言っていませんが、伊勢は海岸に面して、常世から祖霊が来訪する土地であることを示唆しているようです。

天照大御神も、定期的な御魂の来訪に遭遇し、その御魂に触れなければ、神威の増進がなされないのかもしれません。全国各地の神社で毎年定期的な祭りがあるのも、元々は神威の増進が目的なのです。

御魂の来訪をエネルギーの供給に譬《たと》えると、伊勢の地は海岸部であるため、常世のエネルギーを直接受けることが可能なのです。その点で倭国や瀧原国では、海岸から遠く離れているので何かと不便があったのだと思います。

この物語の初めの方で、「高天原《たかあまのはら》から見た所に私を祀れ」と示された大御神の神意と、『日本書紀』の常世の浪に関する部分、そして同書の「ここが天照大御神が初めて天よりお降りになったところです」という不可思議な一文を合わせて読むことで、大御神伊勢鎮座の真の理由が理解されるでしょう。

このように、伊勢神宮誕生には、前史ともいえる部分がありました。それは神々の世界と現実の世界が交錯する時代、神々の世界にある者が見えそうで見えない、でも存在を微かに感じることができる世界、いわば神と人との世界をつないでいる領域に属する話です。

そのような不確かな設定を、この物語は神々の幽契《ゆうけい》によるものだと冒頭で示していたのです。このような大胆で合理的な発想をすることができる背景として、当時勃興していた鎌倉の新仏教があったのだと思います。鎌倉仏教は、従来の出家者を対象とした難解な教義を嫌い、庶民に浸透する過程で、複雑な教義が整理されてストレートになっていく傾向がありました。

伊勢神宮においても、そのことと決して無関係ではなかったのだと思います。

天照大御神の伊勢鎮座に大きな功績を残した倭姫命は、高貴な皇女であり、忠実に大御神に仕えた日本第一の巫女であり、優れた倭随一のお姫様でした。その伝承を紡いで一代記としたのが『倭姫命世記』なのです。

天照大御神の鎮座後、天《あめ》の平賀《ひらか》という祭典に用いる祭器類、鏡や太刀などの神宝類、大幣《おおぬさ》などの装飾類が備わってゆき、恒久的にお祭りを行う態勢が整っていくようすが記されています。

すると大御神は倭姫命の夢に現れて次のようにお告げを下します。

「高天原にいた時、門を押し開き、ここぞと思い定めていた宮の場所はここである。ここに鎮まろう」

倭姫命が旅を共にしてきた人々にその旨を告げると、大幡主命《おおはたぬしのみこと》（度会《わたらい》氏の先祖）が、「神風《かむかぜ》の伊勢国、百船度会《ももふねわたらい》の県《さと》、さこくしろ五十鈴川上に鎮まりお定めになった皇大御神《すめおおかみ》さま」と、伊勢の国を褒め称えました。

そして夜通し宴楽《とよのあかり》という祝宴が催され、舞い歌う様子は高天原にある日《ひ》の小宮《わかみや》のようであったと記しています。

最後に倭姫命が、次のように伊勢の国を褒め称えます。

「朝日が昇り夕日に映える国、浪の音風の音が届かない災害のない国。弓・矢・鞆《とも》の音が響かない争いのない国、国の突端にあり幾重にも浪が打ち寄せるすばらしい国、神風の伊勢国の百伝う度会の県のさこくしろ五十鈴の宮に鎮まり定まり給え」

これ以上はないと思われるくらいの言葉をいくつも用いて伊勢国を褒め称えています。それは天照大御神の鎮座地としてこれ以上の所が存在しないからなのです。

良い言葉によって良い結果を実現させようとする、倭姫命のことほぎなのです。その時から二千年の時を経て、大御神が伊勢にお鎮まりになっているのですから、倭姫命のことほぎは、今でも効力を発揮していると思います。

常世から波寄せる伊勢の国

神麻続機殿神社

斎宮《いつきのみや》と八尋《やひろ》の機殿《はたどの》

それから、采女《うねめ》が神聖な平たい土器を八十枚お作りになり、**天富命**《あめのとみのみこと》の孫に命じて神宝である鏡・大刀・小刀・矛と楯《たて》・弓と矢・木綿《ゆう》などを作らせて、幣帛《へいはく》をご準備なさいました。

このとき、**天照大御神**《あまてらすおおみかみ》が**倭姫命**《やまとひめのみこと》の夢に現れて、お告げになりました。

「私が高天原《たかあまのはら》にいたとき、その御門を押し開いて、御殿を建てる場所だと見定めたのは、この場所です。ここに鎮まり定まろうと思います」

倭姫命は、**安倍武淳河別命**《あべのたけぬかわわけのみこと》、**和珥彦国葺命**《わにのひこくにぶきのみこと》、**中臣国摩大鹿嶋命**《なかとみのやまとおおかしまのみこと》、**物部十千根命**《もののべのとちねのみこと》、**大伴武日命**《おおとものたけひのみこと》、ならびに度会《わたらい》の**大幡主命**《おおはたぬしのみこと》たちに、この御夢のことを詳しくお知らせなさいました。そこで**大幡主命**は喜び、「神風の伊勢国、百船《ももふね》

【天富命】忌部（いんべ）氏の祖先神といわれる太玉命（ふとだまのみこと）の孫。宮殿を造営し、神宝を造ったとされる。

【安倍武淳河別命】阿部氏の遠祖。崇神天皇の代に四道（しどう）将軍のひとりとして東海道に派遣された。

【和珥彦国葺命】和珥（わに）氏の遠祖。

【中臣国摩大鹿嶋命】中臣（なかとみ）氏の遠祖。

【物部十千根命】物部（もののべ）氏の遠祖。

【大伴武日命】大伴（おおとも）氏の遠祖。

の度会《わたらい》の県《さと》、さこくしろ宇治の五十鈴《いすず》の川上に、鎮まり定まります**皇大神《こうたいじん》**」と国を寿《ほ》ぎ奉りました。それから夜を徹して、盛大な宴《うたげ》を催して舞い歌いました。その様子はまさに、高天原の日小宮《ひのわかみや》における儀式のようでした。ここで**倭姫命**は、「朝日が向かう国、夕日が向かう国、浪の音が聞こえない国、風の音が聞こえない国、弓矢や鞆《とも》の音が聞こえない国、悪《あ》しきものが近寄らない国、波が稲穂のように幾重にも打ち寄せる素晴らしい国、この神風の伊勢国に百伝《ももつと》う度会の県のさこくしろ五十鈴宮に鎮座し、お定まりください」と国祝いをなさいました。そこで**安部武淳河別命**たちは朝廷にお戻りになり、**倭姫命**の御夢のことを事細かに報告なさいました。天皇は、それをお聞きになって、すぐさま**大鹿嶋命**を祭祀官《さいしかん》と定められました。

また**大幡主命**を神の国の国造《くにのみやつこ》、かつ神官を指揮する大神主と定められました。そこで**大幡主命**は、神事を執り行う建物を造営して、物部《もののべ》の一族を率いて種々の神事を総括し、太玉串《ふとたまぐし》を捧げて**天照大御神**

【日小宮】高天原にある神の住む宮殿。日之少宮とも表記。

【太玉串】榊の枝などに、絹、麻、紙などをとり付けて神前に供えるもの。玉串、八十(やそ)玉串とも。

をお祀り申し上げました。それによって斎宮を、宇治の県の五十鈴の川上の大宮のほとりに建てると、**倭姫命**は、そこにいらっしゃるようになさったのでした。また、広い機屋《はたや》を建て、**天棚機姫神**《あめのたなばたひめのかみ》の孫である**八千千姫命**《やちちひめのみこと》に**天照大御神**のお召し物を織らせられました。その様子は、譬えて言うのであれば、ちょうど天における儀礼のようでした。

次に、**櫛玉命**《くしだまのみこと》、**大歳神**《おおとしのかみ》、**大山祇神**《おおやまつみのかみ》、**朝熊水神**《あさくまのみなとのかみ》たちがご馳走《ちそう》を奉りました。**倭姫命**は、ここに神社を定められて、神宝を安置し奉りました。

【天棚機姫神】染織業の祖神。『古語拾遺（こごしゅうい）』に登場する。

【八千千姫命】天棚機姫神の孫。

【櫛玉命】原書『倭姫命世記』では吉雲建子命（よしくもたけこのみこと）のこと。118ページ。

神麻続機殿神社の大木

神様への機織《はたお》りは倭姫命《やまとひめのみこと》の指示で行われた

天照大御神《あまてらすおおみかみ》がめでたく五十鈴《いすず》川上に鎮まり、大御神がそれに満足している旨のお告げが倭姫命にあったことを、使者を遣わして垂仁天皇《すいにんてんのう》に報告します。天皇は大鹿嶋命《おおかしまのみこと》を大御神の祭祀を司る祭官《さいかん》として伊勢に派遣します。度会《わたらい》氏の先祖大幡主命《おおはたぬしのみこと》は伊勢の国造《くにのみやつこ》となり、皇大神宮の大神主《おおかんぬし》を兼任しました。

祭官と大神主の詳細はわかりませんが、祭官は天皇が任命した役人で、大神主はそれを扶《たす》ける役目であったのでしょう。

さて、この旅の最初の頃に、倭姫命が向かう方角が正しければ未婚の童女と出会うとする宇気比《うけい》（占いや祈願）をしたことを皆さんはご記憶ですか。宇気比の通りに、佐佐波多《ささはた》宮の入り口で一人の童女に出会い、その童女を大御神の物忌《ものいみ》として同行させました。その時に童女は自ら天見通命《あめのみとおしのみこと》の子孫と告げました。この天見通命は大鹿嶋命の孫であり、荒木田《あらきだ》神主の遠い先祖といわれます。

実は、佐佐波多宮で童女と出会ったところで、すでに大鹿嶋命が大御神の祭官（祭主）に任じられる必然性が語られていたのです。それ以降代々荒木田氏の童女が大御神の物忌を務めた理由もそこにある訳です。

このように、ここでは内宮《ないくう》と外宮《げくう》にそれぞれ仕えた神主一族のルーツが語られます。大鹿嶋命の末裔《まつえい》は荒木田神主となって明治維新まで代々内宮に仕え、大幡主命（大若子命《おおわくごのみこと》の別名）の末裔は度会神主となり、明治維新まで代々外宮に仕えていました。

神主も決まり、大御神を祀る施設も徐々に整備されたようで、まず祭りを行う基地となる神舘《かんだち》が建てられます。神職が祭典前に参籠《さんろう》するための斎館《さいかん》という施設が一の鳥居の外にあり、館《たち》とも呼ばれました。やがて斎館は一の鳥居内に移転し、その跡に町が形成されて舘町《たちまち》と呼ぶようになります。

現在伊勢神宮の住所は伊勢市宇治舘町《うじたちちょう》一番地ですが、古代の神館に由来しています。

大神主の大幡主命は、大勢の物部氏を率いて様々な神事を統括し、立派な玉串《たまぐし》を捧げてお祀りを行います。

玉串とは榊《さかき》の枝に麻や和紙を取り付けたもので、古来より神への捧げ物とされているものです。串に玉がつくのは、立派な串の美称か、または神霊を表すタマとも考えられます。榊の枝が神への捧げ物となるのは、榊は本来神の依りましとして、神の降臨を願い地面に刺し立てたことに起源があります。

玉串奉奠《ほうてん》といって神前に玉串を捧げる理由は、目に見えない神の恩恵を受けた証《あかし》として、目に見える形で神が依りました玉串が用いられているように思います。

また、社を建てる際に多くの木々を戴くので、苗木を植えて資源の補充を図っていたなごりが、玉串奉奠として残っているのかもしれません。伊勢神宮の式年遷宮の遷御《せんぎょ》の儀は、最初に玉串を捧げることから始まりますが、これは神の依りましを拵えたなごりといわれています。

いずれにしても、玉串は神と人とを繋ぐ神聖な植物と認識されていることは、古代も現在も変わりがないのです。

そして、倭姫命が滞在する斎宮《いつきのみや》が、五十鈴川と大御神の大宮との間に建てられます。斎宮は大御神を斎《いつ》く人の住む建物です。広島の安芸宮島を厳島《いつくしま》ともいいますが、イックとは神をお祀りすることの古い言い方です。最も興味深い記述は、そこに八尋《やひろ》の機屋《はたや》が建てられたことです。

尋《ひろ》とは、男の人が両手を広げた長さで、およそ一・三六メートルとされますので、八尋はその八倍かというとそうではないのです。八は数字の最大数としてたいへん広くて大きなという意味なのです。八が実数でなく、多くのという意味では、八百万神《やおよろずのかみ》や八重桜などがあります。

五十鈴川と大御神の大宮との間に倭姫命の斎宮があり、そこに大きな機屋があったことは、お祀りの形が整う中で、たいへん重要なことを物語っています。

八千千姫《やちちひめ》が機を織るのですが、それは八千千姫が天棚機姫《あめのたなばたひめ》の子孫と伝えられるからです。

この機織りは倭姫命の指示で行われているのです。

機屋で織り立てられた絹や麻の布帛《ふはく》は、大御神への大切な捧げ物です。

今日でも、伊勢神宮では神御衣祭《かんみそさい》という大祭の時に、織り立てられたばかりの絹と麻などがお供えされています。それを織る機殿は松阪市南部にありますが、その原型が倭姫命の斎宮の機屋にありました。

大御神の機殿が内宮から離れて現在の松阪市南部に移転したのは、そこに機織りの技術があったからです。

またそれは大御神に仕える斎内親王《いつきのひめみこ》の住まいとして斎宮が明和町に整備されたことにも関係があります。

斎内親王の忌みの生活が斎宮で確立されることによって、神御衣を織る作業が分離したものと考えられます。

神に仕える聖なる女性は、神を迎える直前は、必ず水辺で機を織りました。他の雑事に一切携わらずに、水辺で機を織ることに専念することで、神に仕える聖女の資格が備わるからです。

倭姫命斎宮の機屋は、譬《たと》えるなら天上の機屋の装いのようであると物語は記しています。

伊勢湾に浮かぶ七ッ島

七ッ島

御贄処《みにえどころ》のお定め

倭姫命《やまとひめのみこと》は、御船《みふね》にお乗りになって、**天照大御神**《あまてらすおおみかみ》へ捧げる御食事やお供えの物を献上する場所をお定めになりました。まず、島（志摩）国の国崎《くざき》島に行幸なさって、「朝のお食事（御饌《みけ》）、夕のお食事（御饌）にご奉仕なさい」とおっしゃって、神聖で清らかな海女たちをお定めになりました。

そして、そこからお戻りになるときに、神域をお定めになりました。戸嶋、志波崎、佐加太岐《さかたき》（酒滝）嶋をその神域と定めて、岩戸に腰を下ろされて、朝のお食事、夕のお食事を献上する場所を定められました。

そして、**倭姫命**は御船をお泊めになったところに、大小の魚たち、貝類、沖の藻や岸辺の藻が自然と集まってきました。その海の潮は淡く穏やかなものでした。そこで、そこを淡海浦《おうみのうら》と名付けられました。

【神域】神がいるとされる一帯。神社の境内のこともいう。

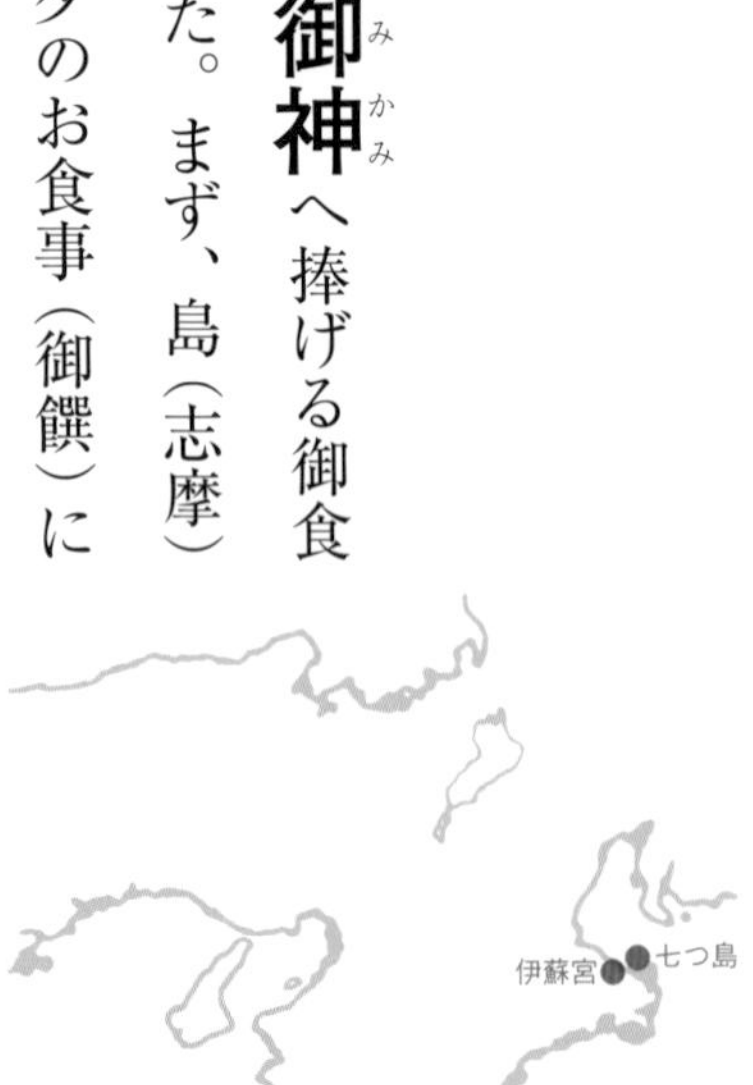

また、岩戸居嶋《いわといしま》を戸嶋と改めて名付けられ、その指したところを柴前《しばさき》と名付けました。そこから西の海中に七つの島があり、そこから南の潮は淡く甘味がありました。そこで、その島を淡良伎島《あわらきしま》と名付けられ、その潮が淡く満ち溢《あふ》れる浦の名を伊気浦《いけのうら》と名付けられました。

その場所で出会われて、お食事を奉ってお仕えする神を**淡海子神**《おうみこのかみ》と名付けられ、その社をお定めになりました。そして、その島を朝の御饌、夕の御饌の島とお定めになられました。お戻りになるときには、その御船をお泊めになったところを、津長原《つながのはら》と名付けられ、そこに津長社《つながのやしろ》をお定めになられました。

垂仁天皇《すいにんてんのう》二十七年の秋のこと、鳥の鳴き声が騒がしく、昼も夜も止まることはありませんでした。**倭姫命**は「これはおかしなことです」とおっしゃって、**大幡主命**《おおはたぬしのみこと》と舎人《とねり》を鳥が鳴くところに遣わしました。

倭姫命のご命令通りに、行ってみると島（志摩）国の伊雑《いざわ》の方の

【淡海子神】淡海の浦の土地の神。

葦原の中で、根元は一本でも先端は千の穂が茂っている一塊の稲を、白い真名鶴がくわえながら、鳴いていたのでした。

この様子を**倭姫命**に、「鳴き声の主の正体をあばくと、鳴き声は止まりました」と報告しました。

そのとき**倭姫命**は「畏《おそ》れ多いことです。言葉を発しない鳥であっても、田を作ろうとして**天照大御神**に差し上げようとしているというのに」とおっしゃると、物忌みとして飲食を慎み、身を清めておこもりになりました。そして、**伊佐波登美神**《いさわとみのかみ》にご命令になって、真名鶴の稲を**天照大御神**にお供えしました。そこで、その稲穂で**大幡主命**の娘である**乙姫**《おとひめ》に清酒を作らせ奉りました。

租税を納めるはじまりは、これによっています。そして、その稲穂の生える場所を千田《ちた》と名付けられました。千田の地は、島(志摩)の国の伊雑にあります。

伊佐波登美神は、その場所に神社をお造り申し上げ、皇大神《こうたいじん》

【真名鶴】日本で越冬するツル科の鳥。タンチョウより一回り小さく、体は灰色で頭部は白、顔は赤い。

【伊佐波登美神】伊雑宮神官の礒部氏の祖先神といわれる。

宮《ぐう》の摂宮《せつぐう》としました。これが現在の伊雑宮《いざわのみや》です。そして、あの鶴は真鳥《まどり》と名付け、**大歳神**《おおとしのかみ》としてお祀り申し上げました。また、その神は朝熊川の河口の葦原では、石のお姿でお鎮まりになられており、小朝熊の山頂に社を造営してお祀りされています。

また翌年の秋頃に、真名鶴が北から飛来して、皇大神宮の辺りを飛び、日も夜も絶えず飛びながら鳴いていました。ちょうど昼時であったため、**倭姫命**は不思議に思われて、**足速男命**《あしはやおのみこと》を遣いとしてだしました。**足速男命**が、そこに行って見てみると鶴は佐佐牟江《ささむえ》宮の前の葦原のなかで鳴いていました。**足速男命**は、そこへ行って見ると、稲が生えており、その根元は一つなのに、先の方は八百穂に分かれて茂っていました。鶴は稲をくわえ、捧げるようにして鳴いていました。**足速男命**が、その様子を見届けようとすると、鶴の鳴く声は止み、天に羽ばたくこともありませんでした。

この報告を聞いて**倭姫命**はお喜びになって、「畏れ多いことです。

【皇大神の宮の摂宮】皇大神の宮とは、伊勢神宮の内宮のこと。摂宮は摂社のこと。

【足速男命】原書『倭姫命世記』にのみ名のみえる神。

皇大神である天照大御神が鎮座なさると感じた鳥や獣、草木たちも互いに喜んでいます。稲一本が千本の穂や八百もの穂となって茂っています」とおっしゃいました。

　そして、その初穂を神に奉る抜穂として抜かせて、半分は大税《おおちから》として刈り取らせ、皇大神の御前に懸け奉られました。その抜穂は細《ほそ》税《ちから》と名付け、大刈は太半《おおなから》と名付けて、今に至るまで皇大神の御前に懸け奉られています。そのため天つ祝詞《のりと》にも、「千《ち》税《ちから》八《や》百《ほ》税余《ちからあまり》」と称えられおり皇大神にお仕え申し上げているのです。

　こうして、その鶴が住んでいる所に八握穂社《やつかほのやしろ》を造営してお祀りしました。そして皇大神より「五十鈴の御川の水を引く田には、苗草を敷かずに稲を作り育てよ」との仰せがありました。また、「朝の御饌、夕の御饌を作る稲田には、穢《けが》らわしい田蛭《たびる》を住み着かせないように」ともおっしゃいました。

【大税】平安時代に伊勢神宮で行なわれた束把の計算法のことを指す。神事のとき、一把を一束とする小税（おちから）に対して、大税（おおちから）は五把を一束とする。

【細税】小税（おちから）のこと。

【大刈】「大税」のこと。

【太半】「大税」のことを「大刈」とも、「太半」ともいった。

【天つ祝詞】「天津」とも。「あまつ」は「神聖な」という意。現在も知られる祝詞である。

【田蛭】チスイビル（血吸蛭）の異名。日本各地に広く分布し、水田、池、沼などにすむ。あごで動物の皮膚に傷をつけて吸血する。

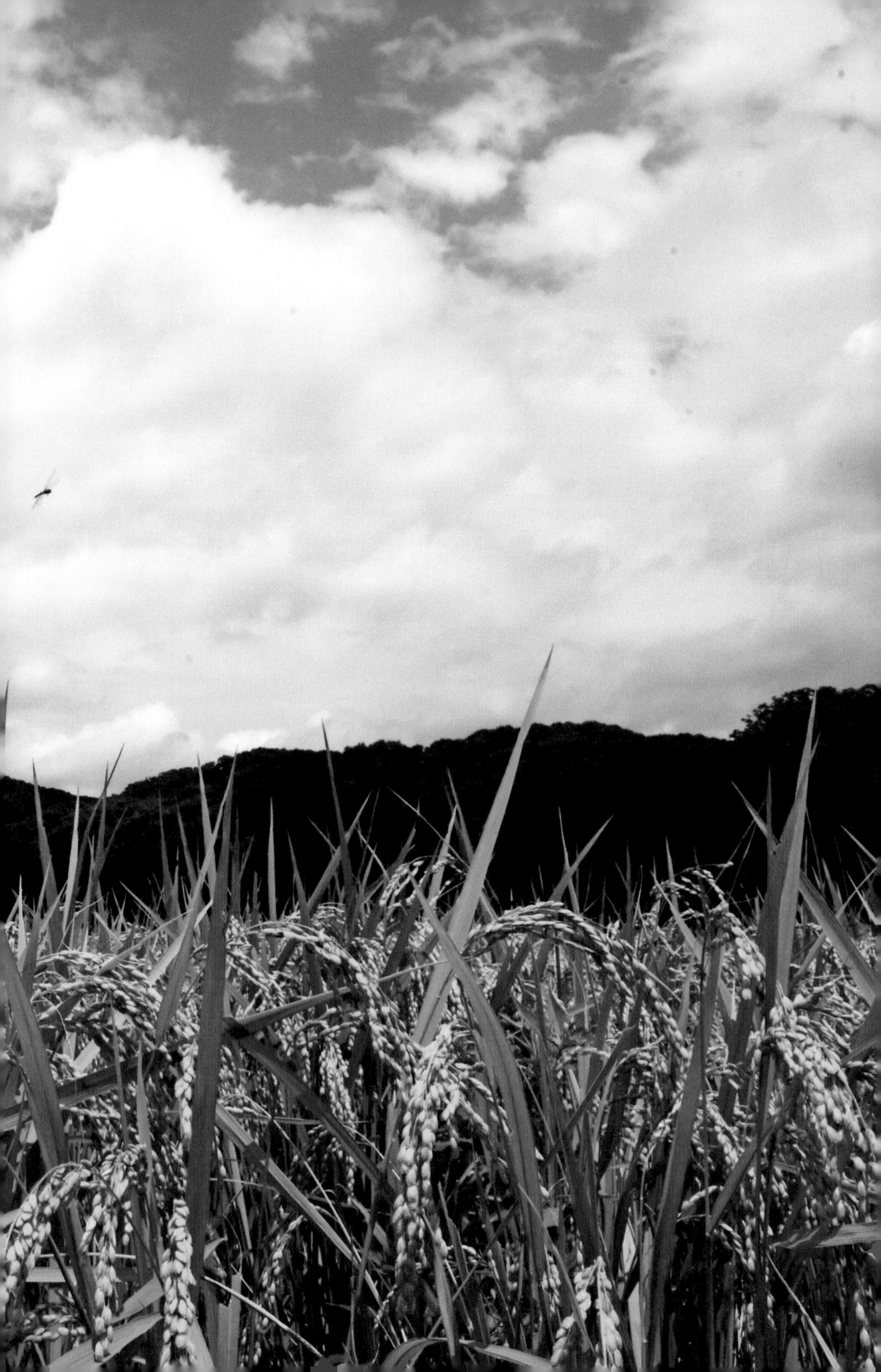

伊雑宮の周りに広がる稲田

倭姫命《やまとひめのみこと》が日にしたものと同じ景色、七ッ島

倭姫命は再び船に乗り五十《い》鈴《すず》川を下ります。今度は大御神にお供えする魚介類を採る処を選ぶための日帰り旅です。このあたりの話はさすがに地元の伝承ですから、地名など現在の地図にもぴたりと道筋が重なるくらい正確になってきます。

ここでは朝御饌《みけ》・夕御饌ということばが三回登場します。それがここでの主題だからです。

神宮で最も古い祭儀で、鎮座以来続いているとされる神嘗祭《かんなめさい》と、神嘗祭の三ヶ月前後に同じお祭りを行う六月の月次祭《つきなみさい》と十二月の月次祭を三節祭《さんせつさい》といいます。三節祭の中心となる神事が、由貴夕大御饌《ゆきのゆうべのおおみけ》と由貴朝大御饌《ゆきのあしたのおおみけ》です。

大御神に神饌をお供えする神事を大御饌といいます。常々のお供えが御饌で、特別な時に捧げられる御饌を大御饌と呼ぶのです。さらに由貴という二文字がついています。

由貴ということばは、天皇が即位する時にも使われ、大嘗祭《だいじょうさい》（天皇が即位して最初の新嘗祭《にいなめさい》）に新穀を献上する国をユキの国と呼びます。悠紀・斎忌・由基などとも書きますが、意味は由貴と同じです。

神宮の由貴大御饌は、この上ない神聖な大御饌と説明されることが多いのですが、定められた場所から献上された品々で調《ととの》えられた大御饌という意味にも解釈できます。

大御神の神意に従った倭姫命が選定した特別な場所で採取された品々であるからこそ、この上なく神聖な大御饌と呼べるのです。

朝夕の二度、大御饌を奉ることは、かつて日本人の食事が朝夕の二度であったことにもよるのでしょうが、それ以上に深い理由があるにちがいありません。

まず島の国、現在の志摩半島の国崎島《くざきじま》に向かいます。国崎は国の先端、または国が果てる処に由来する地名で、

そこは伊勢湾内ではなく、眼前に太平洋が広がっています。国崎は船で越えることが難しい岬といわれ、周辺に小さな島が点在しているので国崎島と呼んだのでしょう。

現在も大御神に捧げるアワビを採るのは国崎と指定されており、のしアワビを造る神宮の施設もあります。

ここで倭姫命は「朝《あした》の御饌、夕《ゆうべ》の御饌」と口にします。「朝のお食事、夕のお食事にご奉仕なさい」との倭姫命のことばに読めますが、これはもしかすると大御神のお告げの一部分で、もとは国崎島が大御神の神意に適《かな》った地であったことを伝えていたことばの断片なのかもしれません。

数ある漁場の中から国崎が選ばれたのは、大御神か倭姫命が直々に定めたということが重要なのです。

地形は自然により変化しますので、五十鈴川の流れも、現在とは異なっているかもしれません。特に注意が必要なことは、室町時代の明応七年（一四九八）に大地震があり、河口部が隆起したため、本流がほぼ直角に曲がり、現在のような流れになったことです。

倭姫命の伝承に記される五十鈴川は、二見《ふたみ》の山裾を縫うように東流して海に出ていました。五十鈴川河口が二見海岸の岩場と砂浜を分けていました。二見という地名も二つの異なる海岸の様子を二海と呼んだことに由来がありそうです。

帰路は神宮の境界や、様々な魚介類を採る処を定めていきます。現在でも志摩半島は有数の魚介類の宝庫ですが、太古も志摩の海が豊かだった様子が目に浮かびます。そのような豊かな海を奥に控えていることが、大御神が伊勢の地を選んだ要因のひとつであったと思います。

倭姫命は島々にいろいろ名前を付けて行きます。それができるということは、すでにその土地が神宮の所有地となったことを物語っています。倭姫命は神宮の責任者として所有地を視察しているかのようです。

さて、それらの島々より西の海に七つの島があり、そこから南の海水は淡くて甘いので、その島を淡良伎島《あわらきしま》としたとする一節があります。そしてその浦を伊気の浦と名付けます。池のような浦だったのでしょう。

二見から神前岬を越えたところにある、穏やかな入り江を池の浦といいます。地形が内陸に入り組んでいるため、海流が入り込みにくく、まるで池のように穏やかな水面をたたえています。

沖合に倭姫命がアワラギ島と呼んだ七ツ島が浮かんでいます。この景色だけは昔のままと思えるほど静かな入り江です。倭姫命が目にした景色と同じ景色を私たちは見ることができるのです。伊勢神宮に来たときには、ぜひ池の浦も訪れてみて下さい。

物語はこの後も様々なお定めが続いてゆくのですが、伝承の流れとしては、別な話となります。ここから先は志摩半島に鎮座している神宮の別宮《べつぐう》である伊雑宮《いざわのみや》に関わる伝承を紡いでいるようです。

この先の話は、大御神の鎮座以前に配置されてもよさそうなのですが、舞台が志摩半島であることから、地理的な順に配列すると、池の浦の次に伊雑宮が来るのが自然だったのでしょう。

ここではたいへん重要な伝承が凝縮しています。まさしく伝承の宝庫といえます。

しかし、ひとつのストーリーにまとめてしまったために、たいへん密度が濃い話となっています。

少し内容を整理してみることにします。

1　伊雑宮付近の葦原で一日中鳥が盛んに鳴いていたので倭姫命は不思議に思った。
2　使者を遣わして見に行かせると一株にたくさんの穂が実る稲があり、それを鶴がくわえていた。
3　使者は「鳴き声の正体をあばくと、鳴き声は止まりました」と倭姫命に報告した。
4　倭姫命は「畏れ多いことです。言葉を発しない鳥であっても、田を作ろうとして天照大御神に差し上げようとしているというのに」と言ってお籠もりを始めた。
5　伊佐波登美神《いさわとみのかみ》にその稲穂を抜かせて大御神の御前に懸けて奉献した。
6　その稲で大幡主神《おおはたぬしのかみ》の娘乙姫《おとどめ》にお酒を造らせて御饌に添えてお供えした。

以上、六つの出来事が、微妙に関連し合いながら、懸税《かけちから》といって伊勢神宮で稲穂を垣根に懸ける形で奉献することの始めであることが語られるのです。その処を千田《ちた》といい、そこに伊佐波登美神が、皇大神宮の摂社（別宮のこと）の伊雑宮《いざわのみや》を建てたことも加えられ、稲を植えた鶴を真鳥《まどり》と名付けて大歳神《おおとしのかみ》として伊雑宮と同じ処に祀ったこと、また大歳神は内宮近くの小朝熊山にも祀られていることなどの起源が矢継ぎ早に説明されます。

話の鍵となっているのが鶴です。同じ鶴なのかはわかりませんが、後に伊勢の佐佐牟江《さ さむえ》にも鶴が鳴いているところに、たくさん実る稲が見つかるのです。

これは伊雑宮での伝承と瓜二つなのです。数多くの大事な事柄が、次から次へと畳みかけるように述べられているのは、不思議な鶴をめぐって、別々に伝わっていた話を整理し、一つのストーリーにしたためと考えられます。

雪の伊吹山

やさしき叔母様

第十二代の大足彦忍代別天皇《おおたらしひこおしろわけのすめらみこと》（景行天皇《けいこうてんのう》）の二十年に、倭姫命《やまとひめのみこと》は「私は既に年をとってしまって、お仕え申し上げることができません。ご奉仕する日数を重ねました」とおっしゃいました。

そして、後を継ぐ斎宮としての内親王にお仕えする者をお決めになって、役人なども、五百野皇女《いおののひめみこ》（久須姫命《くすのひめのみこと》）にお移し申し上げました。

そして二月には御杖代《みつえしろ》として五百野皇女を遣わして、多気宮《たけのみや》を造営申し上げ、身を清めて天照大御神《あまてらすおおみかみ》にお仕え申し上げなさいました。伊勢の斎宮に人々がお供として出向くことの最初がこれにあたります。

一方で、倭姫命は宇治の機殿《はたどの》である伊《い》蘇《そ》宮（礒宮）にお住まいにな

【景行天皇】第十二代天皇。垂仁天皇の第三皇子。母は倭姫命と同様に、丹波道主命（たんばのみちぬしのみこと）の娘・日葉酢媛命（ひばすひめのみこと）。日本武尊の父。記紀には、日本武尊に西征・東征を命じたとある。

【久須姫命】景行天皇の第七皇女。『日本書紀』では五百野皇女と表記される。倭姫命のあとを継ぎ、斎王となった。

りました。

その宮においても**日神**《ひのかみ》**（天照大御神）**を熱心にお祀り申し上げました。

二十八年の二月、荒ぶる神々があちこちに現れて、東の国は穏やかではありませんでした。十月になって、その征討に**日本武尊**《やまとたけるのみこと》が出発しました。その道すがら、**日本武尊**は伊勢の神宮にお立ち寄りになり、**天照大御神**を参拝しました。

そこで**倭姫命**に暇乞いのご挨拶を申し上げておっしゃいました。

「今、天皇のご命令を受けまして、東に赴き大勢の反逆者を誅伐《ちゅうばつ》するところでございます。その御挨拶に参りました」

倭姫命は草薙剣《くさなぎのつるぎ》を取り、**日本武尊**にお授けになると、「心を引き締めて、決して油断することのないように」と仰せになりました。

この年に、日本武尊は初めて駿河国《するがのくに》（静岡県）にお着きになり、悪者に欺かれ、その後、野火の苦難にお遭いになりました。しかし**日本武尊**

【日本武尊】 景行天皇の第二皇子。仲哀天皇の父。記紀によれば、天皇に恭順しない神や人々を平定するために西征・東征を行った。各地に英雄伝説を残す。倭建命とも表記。

【野火の苦難】『古事記』では相模国（神奈川）で同地の国造（くにのみやつこ）に欺かれて野火に囲まれるが、草薙剣で難を逃れた。

が身に帯びていた天叢雲剣《あめのむらくものつるぎ》（草薙剣《くさなぎのつるぎ》）が自然と抜け出て、**日本武尊**の周りに生えていた草をなぎ払い、これによって難を免れることができたのでした。

それによって、その剣を名付けて草薙としたのです。

それから、**日本武尊**は東の荒ぶる神どもを征伐し、尾張国《おわりのくに》にお戻りになって**宮簀媛**《みやずひめ》を妃とし、久しくその家に留まって一か月が過ぎました。その後、**日本武尊**は剣を解いて**宮簀媛**のもとに置き、武具を身につけることなく、胆吹山《いぶきやま》（伊吹山）にお登りになり、そこで山の神の毒気に当たってお亡くなりになってしまいました。

その草薙剣は、今は尾張国の熱田社《あつたのやしろ》にお祀りされています。

【草薙剣】三種の神器の一つ。天叢雲剣（あめのむらくものつるぎ）。素戔嗚尊（すさのおのみこと）が、出雲の八岐大蛇を切った時に、その尾から出たと伝えられる剣。

【宮簀媛】日本武尊の妻。尾張国（愛知）の国造の祖とされる。日本武尊は草薙剣を媛に預け、近江国（滋賀）伊吹山の山の神を討ちにいって病死。宮簀媛は剣を熱田の地にまつり、これが熱田神宮の起源と伝わる。

【山の神】伊吹山の神。『古事記』では白い猪、『日本書紀』では大蛇の姿をしている。

【十四】日本武尊の活躍［解説］

倭建命《やまとたけるのみこと》（日本武尊）を宗教的に支える重要な役目

倭姫命が登場する最も有名な話は、倭建命（『日本書紀』では日本武尊と表記されています）を助ける話です。倭建命は、第十二代景行天皇《けいこうてんのう》の皇子で古代の英雄です。はじめは小碓命《おうすのみこと》といいました。父である天皇の命令で、朝廷に従わない国々を平定する戦いに明け暮れ、その範囲は、九州から関東・甲信に及び、今でも各地に倭建命が来た、または通過したという伝承が残されています。

景行天皇と倭姫命は、ともに垂仁天皇《すいにんてんのう》の子なので、倭姫命と倭建命は叔母《おば》と甥《おい》の間柄になります。古代社会では、一族の当主を、霊的能力のある未婚の女性が裏方で補佐していました。その女性は、当主の姉妹や叔母であったり、ケース・バイ・ケースですが、その女性は神の妻とされたため、他の男性とは結婚しなかったのです。

有名な卑弥呼《ひみこ》（ヒメコとも）も人前には姿を見せず、政治は弟が行っていたと伝えられています。卑弥呼は、古代日本の二世紀末から三世紀初め頃に実在したといわれ、古代中国の歴史書『魏志倭人伝《ぎしわじんでん》』に、乱れた国内をまとめた女王で、鬼道（呪術）にすぐれた未婚の女性であったと記しています。卑弥呼の三文字の漢字には意味はなく、ヒミコと同じ音の漢字を当てたものです。ヒミコは日本語の日巫女《ひみこ》であるとする説が有力で、日神《ひのかみ》に仕える巫女のことです。邪馬台国《やまたいこく》がヤマト国のことであるならば、日神とは天照大御神《あまてらすおおみかみ》でまちがいないと思います。

古代の天皇は、日神の天照大御神に仕える姉妹や叔母などの当主の身内の未婚の女性が神を祀る役を務め、彼女が聞いた神の意志が政治に反映されました。このような祭祀と政治がひとつの祭政一致というスタイルが長く続いたと考えられます。崇神天皇《すじんてんのう》の時は、倭迹迹日百襲姫命《やまとととひももそひめのみこと》が大物主神《おおものぬしのかみ》の妻として神意を伝えましたが、当時はそのような政治のスタイルであったことを物語っています。崇神天皇が、日神と日巫女を天皇の宮殿から離したのは、日神を祀ることをやめたのではなく、神の意志を聞きながら行う政治スタイルから、群臣のことばを聞いて行う政治スタイルに移行したことを物語っています。そのため日神は相応《ふさわ》しい処《ところ》に鎮めることになったのが、結果として伊勢神宮の誕生につながってゆくのです。この物語は、伊勢神宮の誕生のプロセスを語っているのですが、同時に古代日本の政治のスタイルが、祭政一致から祭と政が分かれていったことも伝えているのです。

都を離れた伊勢で大御神に仕える倭姫命も未婚の皇女であったことなど、卑弥呼に似ているところがあります。また、倭姫命は大御神の御杖代《みつえしろ》の他に、倭建命を宗教的に支える叔母としても重要な役目を負っていたようです。『倭姫命世記』は『日本書紀』と同じように、景行天皇二十年に御杖代が倭姫命から、五百野皇女《いおののひめみこ》に交代した記事を載せているので、倭建命の活躍が始まる景行天皇二十八年には、倭姫命は大御神を祀る第一線から退いていたものと思われます。新たな御杖代となった五百野皇女の住まいとして、伊勢の多気《たけ》という処に新たに斎宮《いつきのみや》が建てられ、都から大勢の役人とともにやって来る群行《ぐんこう》の始まりとなったと記しています。倭姫命は内宮《ないくう》の機殿《はたどの》の磯の宮に住み続けて、御杖代は交代しましたが、変わることなく大御神のお祭りをしていたようです。

東国平定のため大和を出発した倭建命は、伊勢神宮を参拝し、叔母の倭姫命に会います。

この部分はこの物語では、倭建命が寄り道をして、倭姫命に東国に向かう理由と別れのことばを述べているにすぎませんが（『日本書紀』も同様です）、『古事記』には異なるストーリーが挿入されています。

『古事記』には、倭建命が、「天皇がすでに私に死んでしまえとお思いなのはなぜなのでしょうか。西国の賊を撃ち破って都に帰って間もないのに、軍勢も与えられずに、今度は東国十二カ所を平定せよとおっしゃるのです。これから考えられることは、父である天皇は、すでに私に死んでほしいとお思いなのです」と泣きながら叔母に訴えるシーンがあります。

これだけ差し迫った告白は、たまたま寄り道をして述べたとは思えません。軍団の長という立場にある倭建命が、人前では口に出せない思いを、叔母にだけには理解してほしかったという、若き英雄の葛藤なのです。この一文があるからこそ『古事記』の話は、血が通った話として、長く語り継がれたに違いありません。

この物語と『日本書紀』には、倭建命が涙するシーンが抜けていて、その代わりに倭姫命が剣を授ける時、「慎しみてな怠りそ」（気をしっかりもって、油断をするな）と倭建命に戒めのことばをかけています。

倭姫命と倭建命の対面の場面は、『倭姫命世記』は『日本書紀』とほぼ同じですが、『古事記』は若干違うところがあります。伊勢を訪ねてきた倭建命に、倭姫命は剣を授けるのですが、『古事記』では「気をしっかりもって油断するな」とは言わず、剣と嚢《ふくろ》を授けて「こまったことがあったらこの嚢の口を開けなさい」と教えています。駿河国《するがのくに》（今の静岡県焼津市付近）で敵の野焼き攻撃に遭って炎に包まれた倭建命は、絶体絶命のピンチに陥ります。倭建命は、倭姫命から与えられた剣をぬき、周囲の草をなぎ払い、倭姫命に言われた通りに嚢を開きます。中には火打ち石が入っていたので、それで野に火をつけて、逆に敵をやっつけます。

この剣は、草をなぎ払ったことから草薙剣《くさなぎのつるぎ》と名付けられます。それより前は天叢雲剣《あめのむらくものつるぎ》と呼ばれていたのですが、伊勢で授ける時には草薙剣となっています。このような矛盾があるのは、語り継がれて来た話を、素直に文字に記録した結果生まれた矛盾なのでしょう。

倭建命に関しては、『古事記』と『日本書紀』とは、基本的には共通のストーリーですが、『古事記』は情報量が若干少ない分、ストーリーが簡潔に整っているようです。一方『日本書紀』は集めた伝承を緻密につなげたようですが、何かの理由で悲劇の英雄となる倭建命が、涙を流して倭姫命に窮状を訴える場面が欠けているのです。そのため倭姫命の存在がすこしぼやけてしまいました。この話は、大国主神《おおくにぬしのかみ》の話と並んで人気があり、『古事記』では語り継がれる間に、独立したストーリーとして洗練されていった方の伝承を採用したものと考えられます。

草薙剣は、現在は名古屋の熱田神宮に祀られています。草薙剣が熱田神宮《あつたじんぐう》に祀られる経緯について、この物語には詳しく記されていないので、『古事記』により少し詳しく説明しましょう。

伊勢で倭姫命と会った倭建命は、尾張国《おわりのくに》（愛知県西部）で宮簀姫《みやずひめ》の家に立ち寄ります。宮簀姫は尾張国造《くにのみやつこ》の祖先で、倭建命は姫と結婚しようと思い立ちますが、東国平定後にしようと婚約だけして出発します。

東国をことごとく平らげて尾張に帰った倭建命は、宮簀姫と結婚して新居を火上山《ひかみやま》（名古屋市緑区大高町）に構えます。そこには現在熱田神宮の摂社《せっしゃ》・氷上姉子神社《ひかみあねごじんじゃ》が祀られています。

宮簀姫を娶ったことで尾張の軍勢も配下に加わり安心したのか、倭建命は草薙剣を宮簀姫のもとにおいたまま、伊吹山《いぶきやま》の神を退治に向かいます。

伊吹山は、滋賀県最高峰の山で、岐阜県との県境にある山です。『古事記』は伊服岐能山《いふきのやま》と記しています。古語の息吹《いぶ》きは呼吸のことで、伊吹山地と鈴鹿山脈がちょうど不破関《ふわのせき》を境に途切れて口のように一カ所だけ開いており、日本海から滋賀県に入り込んだ冷気が、一気に岐阜県の方に吹き出すことに由来するのでしょう。関ヶ原の先にある不破関は、冬はとても気候が変わりやすく、急に雪が降ることがあります。そのような伊吹山には、伊吹山神がいると信じられ、その姿は『古事記』では牛のように大な白い猪《いのしし》、『日本書紀』では大蛇の姿で登場します。

連戦連勝の若き英雄倭建命は、山の神を「素手でやっつけてやろう」などと意気込むのですが、余りに敵の力を過小評価してしまったようです。山で出会った白い猪を、「あれは伊吹の山神の使いだろう、今殺さなくても帰りにやっつけよう」と大きな声で言って、白猪を見逃して山を登って行きます。実はその白猪の正体が山の神で、大粒の雹《ひょう》を降らせて倭建命を苦しませます。雹が降るのは急に悪天候となったことでしょう。山の神に対して十分な備えをしていなかった倭建命は麓に逃げ帰り、杖をつきながら三重村《みえのむら》(三重県四日市市付近)にたどり着きます。そこで倭建命の足が三重に畳みこんだ餅のようになったので、そこを三重というのです(やがてそこは三重郡となり、やがて三重県の県名となります)。

三重村から能煩野《のぼの》(三重県鈴鹿市と亀山市付近)にたどりつき、そこで故郷の大和を思う歌をよみます。

倭は　国のまほろば　たたなづく　青垣《あをがき》　山隠《やまご》もれる　倭しうるはし

(現代語訳)倭は国の中で最も優れたところだ。
山々が幾重にも重なり、まるで青垣に囲まれているようだ。
山に囲まれているから神々の力がこもっている。だからこそ倭はすばらしいのだ。

自らの命が尽きることを悟った倭建命は、故郷の大和を恋い焦がれ、まぶたの裏に焼き付いた故郷の景色を褒め称えるのです。常に戦いに明け暮れた倭建命の歌であるからこそ、人の心に響くのです。このように尋常ではない最期を遂げた英雄の物語だからこそ、時を超え、今もまた語り継がれているのです。

そして倭建命は、息を引き取る間際にも歌をよみます。古代において歌は、私たちが想像する以上に日常生活や、集団の維持に欠かせない存在でした。古代歌謡、または上代歌謡と呼ばれるのは、奈良時代までに成立した文献に載っている歌謡で、『古事記』に一一二首、『日本書紀』に一二八首と数が多く、それ以外では『風土記』に二五首、『続日本紀』になると八首と極端に少なくなり、約三九〇首が伝わっています。古代の歌の多くは、物語の一部分となっていて、物語のクライマックスとなっている場合もありますが、歌を導き出すために逆に物語が付随していると思われる場合もあります。おそらく、日本人が文字を持たなかった時代は、歌を暗唱することによって物語を語り継いでいたのでしょう。歌は客観的な説明ではない心の動きを独特の調べの五・七を基準としたことばのリズムで表現されます。この調べは、最も古い時代では神のことばのリズムでした。和歌や俳句につながる五・七・五調や、五・七・七調ということばの配列は、日本人の心に響く調べなので、記憶を助ける働きがあるのでしょう。

愛《は》しけやし　我家《わぎへ》の方《かた》よ　雲居起《くもゐた》ち来《く》も

（現代語訳）いとおしい我が家の方に雲が立ち上っているよ

嬢子《をとめ》の　床《とこ》の辺《べ》に　我《わ》が置《お》きし　つるぎの太刀《たち》　その太刀《たち》はや

（現代語訳）妻（宮簀姫）のところに置いてきたあの草薙の太刀我が太刀よ

一首目は故郷をしのぶ歌、二首目は草薙剣を忘れたことを嘆いている歌のように見えますが、妻の宮簀姫を念頭によまれているにちがいありません。この歌がストーリーの上で最も効果があり、心を動かされる部分です。その後、倭建命の魂は、白鳥となって海岸へと飛び去り、河内国志幾《かわちのくにしき》（大阪府柏原《かしわら》市付近）まで飛んで行き、そこに白鳥御陵《しらとりのみささぎ》が営まれます。『古事記』はさらに「然るに、其地よりさらに天《あま》に翔《かけ》りて飛《と》び行《い》でましき」と、白鳥が天を上っていったと記しています。

倭建命は、三つの大きな油断をしたために命を落とすこととなるのです。一つは倭姫命から授かった草薙剣を宮簀姫のもとに置いてきたこと。二つは伊吹山の神を侮り武器も持たずに山に入ったこと。三つは大きな白猪を山の神の化身と見破れずに見過ごして山を登っていったこと。

ここで倭姫命が、「気をしっかりもって、油断をするな」とアドバイスしていた深い意味が理解できるのです。特に倭姫命が守り刀として授けた草薙剣を持たずに伊吹山に向かったことが致命傷となってしまいました。「見てはいけない」とか「話してはいけない」と禁止されたことを破ることで、話が急展開することは、昔話の特徴のひとつです。この物語では、倭姫命のアドバイスと倭建命の敗北はリンクしており、直接は書いてありませんが、草薙剣にこめられた倭姫命の霊力が及ばなかったことは、倭建命の油断だったのだという教訓となっているのです。

この物語では「その草薙剣は、今は尾張国の熱田の社にあります」とだけ記していますが、草薙剣ははじめ、宮簀姫の家があった火之山で祀られており、いつの時か熱田の地に遷《うつ》って現在に至っています。おそらく宮簀姫の子孫の尾張国造家の移動に伴い、交通の要衝である熱田に移転したのでしょう。当時の熱田は、半島状に海に突き出していて、伊勢湾を挟んで伊勢と対面していたのです。

内宮と日輪

伊勢の夕焼け

倭姫命《やまとひめのみこと》みまかります

第二十一代の大泊瀬幼武天皇《おおはつせわかたけるのすめらみこと》（雄略天皇《ゆうりゃくてんのう》）の二十一年の十月に、倭姫命の御夢のなかで天照大御神《あまてらすおおみかみ》が教え諭《さと》しなさいました。

「皇大神《こうたいじん》である私は、一カ所にのみにとどまり、お食事も安らかでありません。丹波国《たんばのくに》の与佐《よさ》の小見比治《おみひじ》の魚井原《まないのはら》にいる丹波道主命《たんばのみちぬしのみこと》の八人の娘が、潔斎《けっさい》してお祀《まつ》りする御饌《みけ》つ神（食べ物の神）である豊受大神《とようけのおおかみ》を、私がいる伊勢《いせ》の国へ遷《うつ》してほしい」

そこで、倭姫命は大若子命《おおわくごのみこと》を朝廷に派遣し、その御夢の内容を天皇に御報告させました。そこで天皇は「大若子よ。汝《なんじ》が使者として丹波へ赴き、豊受大神をお遷し申し上げるのだ」とご命令なさいました。大若子命は、手置帆負《たおきほおい》、彦狭知《ひこさち》の二柱の神の御

【雄略天皇】第二十一代天皇。允恭（いんぎょう）天皇の第五皇子。『宋書』にみえる倭王武に比定されている。『万葉集』には雄略天皇の御製と伝わる歌が二首載る。

【丹波道主命】開化天皇の孫。垂仁天皇の皇后となった日葉酢媛命（ひばすひめのみこと）の父。『日本書紀』によれば、崇神天皇の代の四道（しどう）将軍のひとりで、丹波地方を平定した。

【手置帆負】『日本書紀』にみえる神。紀伊国（和歌山）の忌部氏の祖。笠づくりの役目をになったという。

【彦狭知】『日本書紀』にみえる神。盾作りの役目をになった。『古語拾遺』では木工の祖神とされる。

子孫を引き連れて、浄めた斧《おの》と浄めた鋤《すき》などで、山の材を切り採り、宝の御殿を建てました。

そして翌年の七月七日に、**大佐佐命**《おおささのみこと》に命じて、丹波国の与佐の郡の魚井原から、**豊受大神**をお迎え申し上げました。

倭姫命は「度会《わたらい》の山田原の地底の岩に届くほどに大宮の柱を広く敷き立てて、高天原《たかあまのはら》に届くほどの高さに千木を造り構えて、この地に鎮座なさいませ」と讃辞《さんじ》を尽くしてお祀り申し上げ、ご馳走《ちそう》を差し上げて、神を讃《たた》える祝詞《のりと》を申し上げたのでした。

また、神に供えるよい宝物を選りすぐって納めました。

武器については神への捧《ささ》げ物としてふさわしいかを占い、可と出たので神に捧げました。さらに神の土地や神戸を定めて、二所皇大神宮へ、朝のお食事（大御饌）、夕方のお食事（大御饌）を、潔斎して毎日お供え申し上げました。

天の界の神の教えにしたがって、土器を作るために潔斎を行う担当を

【大佐佐命】伊勢神宮外宮の『祢宜補任次第』には、大若子命（大幡主命）の子孫とある。

【二所皇大神宮】伊勢神宮の内宮と外宮のこと。

定め、宇仁《うに》の土で神聖な土器の皿八十枚を作って、近くにある諸々の宮を敬い祀りました。

皇大神（天照大御神）を補佐する**豊受大神**の荒々しく勇猛な神霊（荒魂）を祀る多賀宮を、豊受大神宮《とようけだいじんぐう》に添えしたがえてお祀り差し上げました。

天皇のご命令によって、**大佐佐命**を二所大神宮の大神主の職として兼務させ、お仕え申し上げました。また、**丹波道主命**の子が、初めて伊勢の神宮の神事にご奉仕するお役目である物忌《ものいみ》となり、御飯を炊き満たして、二つの宮にお供え奉りました。伊勢の神宮で御飯を炊くことに奉仕する御炊物忌《みかしぎのものいみ》は、これがはじまりです。

須佐乃乎命《すさのおのみこと》の御魂を祀る道主貴社《みちぬしのむちのやしろ》を定めました。

いま粟御子《あわみこの》神社にいらっしゃるのは、この神です。

大若子命の社を定めました。いまの大間社《おおまのやしろ》が、これにあたります。

また、宇多《うだ》の**大祢奈**《おおねな》の祖父である**天見通命**《あめのみとおしのみこと》の社を定めました。

【須佐乃乎命】素戔嗚尊のこと。天照大御神の弟神。出雲系の神々の祖とされる。

【大采祢】53ページ。

【天見通命】53ページ。

いまの田辺氏《たのへのうじ》神社というのが、これにあたります。すべて、この御世
（雄略天皇）に、摂社を四十四定めて崇め祀りました。

さて、**天照大御神**が、重ねて次のように神託をくだされました。

「私のお祭りをするときは、先づ豊受大神宮（外宮《げくう》）のお祭りを奉りなさい。その後に、私の宮（内宮《ないくう》）の祭事を謹んで行うのです」と告げられました。そのため、様々な祭事はこの宮（外宮）をもって先とするのです。

また、**皇大神**が**倭姫命**に託して、「そもそも、宮を造るきまりは、柱は高く太く、板は広く厚くするのです。そうすることで、天の神に連なる皇統が安らかに栄え続き、国家も広く発展していくことは明らかです。だからこそ、神殿は大きく造ることが望ましいのです」とおっしゃいました。

皇大神のこの威厳あるお言葉をうけたまわって、**倭姫命**は日小宮《ひのわかみや》と同じくして、伊勢の両宮（内宮と外宮）をお造り申し上げたのです。

二十三年の二月に、**倭姫命**は宮人および物部《もののべ》の者たちを召し集めておっしゃいました。

「神を祀る神主部《かんぬしべ》、神に近侍する物忌《ものいみ》の者たちよ、よくお聞きなさい。その昔、**天照大御神**が私に依り憑いておっしゃいました。

『精神はすなわち天地の基本であり、身体はあらゆる行いや物の仮の姿です。そのため、根元を根元として、その根元の最初に遡《さかのぼ》り、本源を本源として本源の心のままに任せるのです。神は恵みを施すのに、心を尽くして祈る者を先とします。神の恵みは、さらに正しく直き心を根本としています。そもそも、天を尊び地にお仕えし、神を崇《あが》め祖先を敬うときに、祖先を祀ることを絶やさなければ、天皇の位も継がれ国も治まるでしょう。また、仏法を遠ざけ、神祇を丁重に拝み申し上げるのです。日月は日本の国土をめぐり、国内を照らすといいますが、それだけではなく正しく直き心こそ照らすべきなのです』


【宮人】神主のこと。

【物部】軍事や刑罰の任に当たった氏族。

【神主部】神職の人々のことを指す。

【物忌】神事などのため、ある期間、飲食や言動などを慎み、心身のけがれを除いた祀官のこと。

【神祇】天神地祇（てんじんちぎ）の略。「天神」は「天つ神（天の神）」、「地祇」は「国つ神（地の神）」のこと。あわせて天地の神々。

汝たちは、神が眼前にいるように礼を尽くし、朝廷を祈り申し上げるのならば、天下も泰平にして、天皇が治める国の民たちも安らかとなるでしょう」

このように広く告げ終わると、自ら尾上山《おのえ》の峰に退き、岩屋にお隠れになったのでした。

このように伝わっています。

「大日本《おおやまと》の国は神国である。**天照大御神**の御加護によって、国家は安泰なのである。また、国家を尊敬し崇拝することで、**天照大御神**の霊威はいよいよ高まるのである」と。

このように、**神（天照大御神）**をお祀りする礼法は、神社に奉仕する神主・祝部が、祭祀の長たる斎主として行います。したがって、**大若子命**と**乙若子命**《おとわくごのみこと》とが、ともに神宮の御殿の内でお仕えし、邪悪なものが入ることを防ぎ護り、国家の安泰をお祈り申し上げるので

【お隠れ】身分の高い人、貴人が亡くなること。

【祝部】神官など、神に仕える人をいう。

す。これによって、天の神の系譜を継ぐ天皇の子孫は繁栄し、まさに天地と同じように永遠に続くに違いないのです。

また伝え聞くことには、

「そもそも、真の悟りは心から生ずるものである。その悟りを得ようとする心は、神を信じる気持ちから現れるものなのだ。天照大御神の御利益を受けることは、神を信じる心の厚き薄きによって決まるのである」と。

だからこそ、役人はもちろんのこと、天下のあらゆる国の人々に至るまで、心身を潔めて神を敬い申し上げなければならないのです。

【悟り】物事の道理をはっきりと知ること。仏教では、迷いを去って真理を知ること。ここでの「悟り」は仏教の影響か。

雄略天皇《ゆうりゃくてんのう》二十三年、最後の教えを諭す

景行天皇《けいこうてんのう》が即位してから二十年後のある日、倭姫命《やまとひめのみこと》は、「私はすでに年老いてしまい、大御神《おおみかみ》にお仕えすることができなくなりました。私は充分な年月をお仕えしました」と言います。

この物語で倭姫命が御杖代《みつえしろ》になったのが垂仁天皇《すいにんてんのう》五十八年でしたので、およそ六十年もの間、大御神にお仕えしたのです。しかし、これは実数というより、それくらい長い間お仕えしていたと理解したいところです。

ここで倭姫命がこのような発言をしたのには理由があるのです。実は、『日本書紀』の景行天皇二十年二月一日に、五百野皇女《いおののひめみこ》を伊勢に遣わして大御神を祀《まつ》らせたという記事があります。編集者の気持ちとしては、もう少し倭姫命が御杖代であってほしいところなのですが、『日本書紀』の記事の日時に合わせようとすると、ここで一度御杖代が交代したことを語らなくてはならないのです。後に天皇一代につき一人の未婚の皇女を斎王《さいおう》（斎内《いつきのない》親王《しんのう》のこと）として伊勢神宮に遣わす制度ができるのですが、その最初が倭姫命であるとされています。

この物語でも『日本書紀』の記事の通りに、景行天皇二十年二月一日に五百野皇女が御杖代となって伊勢に遣わされ、多気宮《たけのみや》を造って、大御神をお祀りさせたことを記しています。

後に、斎王が多くの役人を伴って伊勢に派遣されることを、斎王群行《ぐんこう》と言いますが、その始まりが五百野皇女とも記しています。五百野皇女を派遣して大御神をお祀りになったのは景行天皇です。また多気宮とは、多気郡《たきぐん》にあった斎王の住居で、斎宮《さいくう》のことです。

倭姫命の斎宮は五十《い》鈴川《すずがわ》のそばにありましたが、五百野皇女の斎宮は、内宮《ないくう》から遠く離れた多気郡明和町（伊勢市と松阪市の中間）あたりでした。内宮から二十キロほど離れた場所です。

現在の感覚では、神宮から離れ過ぎて不便に感じますが、古代はそれでよかったのです。

神宮に日常お仕えする人々は、当然両宮の近くに居住していましたが、斎王や大神宮司《だいじんぐうじ》などの要職者は、普段は神宮に近づくことを慎み、あえて距離をおき、祭典の時などだけに参向していたのです。新しい斎王が派遣されても、倭姫命は都には帰らず、宇治の機殿《はたどの》である磯宮《いそみや》にいて、日の神すなわち天照大御神《あまてらすおおみかみ》をお祀りすることに熱心であったと伝えています。

後に制度化された斎王制度では、斎王として伊勢に派遣された未婚の皇女は、天皇の崩御《ほうぎょ》、もしくは身内に不幸があった場合は斎王の任を解かれ、都に帰ることができました。ただし、帰路は群行した道とはまったく異なる行程が採られ、あえて遠回りしながら都に戻ったのです。

地方によっては、墓参りの後は別の道を通って帰宅する風習があります。一般に霊が付いてこないようにと説明されていますが、それほど単純な理由ではなさそうで、通常とは異なることをせざるを得ない理由が隠されているような気がします。

斎王が都に帰るということは、何かしら朝廷に御不例《ごふれい》があった訳で、決して喜ばしいことではなかったのです。新しい斎王も、任命からすぐに伊勢に赴くのではなく、一定期間宮中を離れた場所で慎みの生活をおくる期間が必要とされていました。斎王が帰京の際に道を変えたことと、民間の道違《みちたが》えの風習とは、遠いところで根源がつながっているのかもしれません。

倭姫命が伊勢を離れて帰京したとは『日本書紀』などにも書かれていません。それは、倭姫命が御杖代を交代した理由が、朝廷の御不例にあったのではなく、倭姫命自身が高齢のため大御神にお仕えできなくなったためで、いわゆる自主的な引退なのです。従って、倭姫命が任を解かれても伊勢を退去する理由がないのです。

そして、その八年後に倭建命が訪ねて来るのです（前章を参照）。そこから一気に雄略天皇の時代に物語はワープします。天皇の代数で九代、年数は四百年以上も後のことになります。

四百年も時代が飛んでしまうと、倭姫命一代記とするには無理が出てきます。どうしてこのような展開となったのかは編集者しか知り得ないことなのですが、おそらく実在の人物としての倭姫命の伝記と、神話的存在の倭姫命の伝説とが存在していて、それらをひとつのストーリーにまとめたために、伝記と伝説が交わったのでしょう。

倭姫命の夢の中で、天照大御神のお告げが下ります。

「皇大神である私は、一カ所にのみとどまり、お食事も安らかでありません。丹波国《たんばのくに》の与佐《よさ》の小見比治《おみひじ》の魚井原《まないのはら》にいる丹波道主命《たんばのみちぬしのみこと》の八人の娘が、潔斎してお祀りする御饌《みけ》つ神（食べ物の神）である豊受大神《とようけのおおかみ》を、私がいる伊勢の国へ遷《うつ》してほしい」

倭姫命は大若子命《おおわくごのみこと》を朝廷に派遣して、大御神のお告げを報告させます。そして、雄略天皇の意思によって、豊受大神（豊受大御神《とようけのおおみかみ》）が丹波から伊勢に遷され、天照大御神の御饌を司る御饌都神《みけつかみ》として鎮座することになるのです。これが伊勢神宮の外宮《げくう》と呼ばれる豊受大神宮《とようけだいじんぐう》の始まりです。

四百年という時間は埋めようがありません。それでも倭姫命を登場させるのは、この物語の編纂者が、外宮の始まりにも、先祖の大若子命が関与した言い伝えがあったので、四百年という時を飛び越えることになったのでしょう。

話を戻すと、伊勢神宮のお祭りを継続するシステムが、次々と調《ととの》えられる様子が描かれています。それらの多くは現在の伊勢神宮のお祭りと共通していますので、たいへん興味深い記事となっています。

先ず、大御神に捧げる神宝類が吟味されます。神宝類は現在も二十年に一度の式年遷宮のたびにすべて新しく調えられて正殿に奉納されています。

現行の式年遷宮では、内宮と外宮及び別宮一四ヶ所に、神宝装束類七一四種類、合計一五七六点をすべて新調して奉納されています。

神宝は新しい御殿に奉納され、旧御殿に二十年間納められていた神宝は、次期遷宮のために宝殿に移され、さらに二十年保管されるものもあります。旧《ふる》い神宝は、明治以前は残されることはありませんでしたが、明治以降は主要な品は保存されています。

旧い神宝装束の一部は、神宮徴古館という伊勢神宮の博物館に展示されているので見ることができます。また外宮にある式年遷宮の博物館せんぐう館は、神宝装束の調製工程品を展示しており、どのように神宝装束がつくられるのかよくわかります。

さて、物語にもどり、次に伊勢神宮の経済を支える神地神戸《かむところかむべ》と呼ばれる御料地が定められ、それにより朝夕の御饌を奉ることが安定してきた様子がわかります。さらに宇仁《うに》という土地の粘土で土器も生産されるようになり、土器を造る担当者も置かれました。

現在も外宮にある御饌殿《みけでん》で、毎日朝と夕の二度、天照大御神に御饌を奉る日別朝夕大御饌祭《ひごとあさゆうおおみけさい》が途絶えることなく続けられています。通常御物《おもの》と呼ばれる神饌は、専用の神田や御園と呼ばれる畑で生産されたもので、お供えされる時には素焼きの土器に載せられます。その土器も伊勢神宮の施設で製造されています。

最後に、外宮の別宮多賀宮《べつぐうたかのみや》をはじめ、四十四社の摂社《せっしゃ》もこの時にできたとしています。

このように、恒久的にお祭りを続けて行く環境が調うと、天照大御神はさらにお告げを下します。その内容は、天照大御神のお祭りを行う時には、先に豊受大神宮のお祭りをして、その後に天照大御神のお祭りを行うようにとのことでした。

また、社殿の造り方についてもお告げがあり、柱は高く太くし、板は広く厚くすることとあります。社殿を立派にお造りするのは、皇室が栄え、国家が広く豊かになるため、伊勢神宮の神殿を立派に造らなければならないと説明されています。

このように、雄略天皇の御意志によって、豊受大神が伊勢にお遷りになり、天照大御神の御饌都神として鎮座したことにより、伊勢神宮のお祭りのシステムがついに完成したのです。

なお、丹波国で豊受大神をお祀りしていた丹波道主の八人の娘たちは、外宮でお仕えする物忌《ものいみ》となり、天照大御神と豊受大神に御飯を炊いてお供えする最初の御炊物忌《みかしぎのものいみ》となりました。

そうして、お祭りのシステムの完了を見届けた倭姫命は、雄略天皇二十三年二月に伊勢神宮に関わる諸々の人々を集め、次のように最後の教えを諭します。

「神を祀る神主部、神に近侍する物忌の者たちよ、よくお聞きなさい。その昔、天照大御神が私に依り憑いておっしゃいました。

『精神はすなわち天地の基本であり、身体はすなわちあらゆる行いや物の仮の姿です。そのため、根元を根元として、その根元の最初に遡り、本源を本源として本源の心のままに任せるのです。神は恵みを施すのに、心を尽くして祈る者を先とします。神の恵みは、さらに正しく直き心を根本としています。そもそも、天を尊び地にお仕えし、神を崇め祖先を敬うときに、祖先を祀ることを絶やさなければ、天皇の位も継がれ国も治まるでしょう。また、仏法を遠ざけ、神祇を丁重に拝み申し上げるのです。日月は日本の国土をめぐり、国内を照らすといいますが、それだけではなく正しく直き心こそ照らすべきなのです。』

汝たちは、神が眼前にいるように思い礼を尽くし、朝廷を祈り申し上げるのならば、天下も泰平にして、天皇が治める国の民たちも安らかとなるでしょう」

そう告げ終えると、倭姫命は尾上《おのえ》の山に退去して、岩の蔭に隠れるように、お亡くなりになりました。

倭姫命がお亡くなりになった様子は、『倭姫命世記』の「自ら尾上山の峰に退き石隠《いわかく》れます」という古伝が唯一残っているだけです。

尾上山の峰は、伊勢市尾上《おのえ》町と倭《やまと》町一帯の丘陵のことで、隠岡《かくれがおか》という別名もあります。隠れるということばには高貴な方がお亡くなりになる意味があります。倭姫命の石隠れも、岩の間に隠れるように、つまり石窟に葬られることを言ったのでしょう。

尾上丘陵は北部が崖になっていて、崖の下は平坦になり、そのまま海に至ります。かつてはこの崖下まで海が来ていたのかもしれません。

倭姫命が尾上山にお隠れになったのも、そこが海に面した丘陵であったからでしょう。亡くなった人の魂は、海岸部では海の果ての水平線の向こう側に行くと考えられ、海のない山間部では高い山から天に至ると考えられていたようです。

霊送りの地であったので、倭姫命も尾上山の峰に退いた伝承になったのでしょう。

尾上付近には石窟がいくつかあったらしのですが、どれが倭姫命の御陵なのか特定することはできません。その中でも倭町の石窟が、宮内庁の倭姫命宇治山田御陵参考地になっています。

かつて、皇大神宮を伊勢の地にお祀りした功績を讃《たた》えて、倭姫命を祭神とする神社がいくつか存在していました。しかし、それらは私的に倭姫命をお祀りしたもので、公にお祀りした神社はありませんでした。

明治時代に、伊勢神宮の神域や文教施設の整備を行った財団法人神苑会《しんえんかい》は、早くから倭姫命を祀る神社を創立することを考えていましたが、なかなか実現しませんでした。

伊勢神宮でも明治時代の終わり頃に、政府に倭比売宮《やまとひめのみや》創立の誓願をしています。

その時鎮座地の候補地として挙がったのは斎宮跡、離宮院跡、皇大神宮神域でした。

その後宇治山田市（現・伊勢市）の働きかけなどにより、大正八年に倭姫命を祀る神社が神宮の別宮のひとつとして創建されることが内定、翌年大正天皇の御裁可があり、大正十二年十一月五日に創建されたのです。

鎮座地については、神域として相応《ふさわ》しいことが優先され、神宮徴古館がある倉田山丘陵の南西部の赤井谷が選定され、約四万平方メートルの境内に、スギ・ヒノキ・クロマツ・アラカシなど三十種類一万二千本の木々が植えられました。現在の立木数は約一万本で、倭姫命が鎮まる姫の森は、荘厳な雰囲気を保っています。

伊勢神宮の誕生に大きな功績をあげた皇女のお話は、ここでおわりです。

倭姫宮

倭姫命《やまとひめのみこと》さまの巡行に導かれて

稲田美織（写真家）

倭姫命さまがいらっしゃらなければ、伊勢に神宮は存在しなかったかもしれない、そう伺った時、私はものすごく驚きました。太古の日本にこんなにすごい女性が存在していたのかと……。現在の21世紀、男女平等を目指す時代になりましたが、その2000年も前に、これほど揺るぎのない志をもたれ、神様の声と共に、大業を成し遂げられた倭姫命さまの存在に、私は尊敬と憧れの気持ちを抱きました。

そして今、なぜ倭姫命さまなのでしょうか。神宮に倭姫宮が建立されて、丁度100周年を迎えるということもありますが、私はこの本を作るにあたり、2000年前に生きていらした倭姫命さまの志やお役目が今の時代にとっても大切なものなのだからではないかと、確信したのです。

それは、まさに倭姫命さまが生きていらした時代と現在の問題が驚くほど重なるからです。これは、偶然なのでしょうか。報道が伝えてくる近年の世界の現状は、新型コロナという疫病が世界中で流行り、多くの人が命を失い、グローバリズムから分断の時代に突入していて、その上に世界戦争の危機が迫っています。この数年の世界は決して良い方向には向かっていません。そして倭姫命さまの時代でも、規模は違いますが、疫病がなかなか収まらず、多くの人々が犠牲になりました。また大和政権と古くからある様々な勢力とがどうやって和合、調和していくのか、新しい日本の国家が生まれるための厳しい問題がたくさん起こっていました。

倭姫命さまは神様の声を聞きながら、そんな世界を変えられてゆきました。国として大和政権が始まろうとしている時代に、周りの古くからあった様々な勢力を、争いではなく対話で調和していかれたような気がします。もちろん、巡行の際に倭姫命さまに付き添う使者である五大夫（有力な武将）が倭姫命さまをお守りするために任命されましたが、そんなに人数は多くなく、護衛のような感じだったのではないかと思います。

そんな倭姫命さまの巡行の際に起こったことには21世紀に伝えるヒントがいくつも存在し、それは現在の私たちに明るい光を示してくださっているような気がしてなりません。

倭姫命さまの巡行をたどる旅の中で分かったことは、現在は車や鉄道の移動によってすべてを考えますが、当時は川や海を船で移動することが一番の手段だったのです。今とは全く違う視点と感覚に、はっとさせられました。当時、その方法は荷物も運べ、確実に長い距離を早く移動でき、山賊や獣たちから身を守る安全で理に適《かな》った手段でした。そういうことを考えると、倭姫命さまの巡行の軌跡は、山や川や海の地形が大きく影響していることに気が付きました。今のように高速道路もないので、山の切れ目が通り路となり、人力のみで移動する場合、立体的に見える地図で俯瞰《ふかん》してみると、険しい山などのまっすぐに歩けないような地形は迂回《うかい》するしかなく、人の動きに大きな影響を与えたのでしょう。

また檜原《ひばら》神社では三輪山の方向に太陽が昇ってきます。その先は伊勢なのです。

もし、自分が古代に生きていたら、太陽が昇る方に進みたいと思いました。また、天照大御神は太陽の象徴といわれています。倭姫命さまが、毎日必ず太陽が昇る方向に行きたいと心から願われたのではないでしょうか。そして、海から太陽が毎日生まれ出る伊勢の地が、神様を祀《まつ》るのに最高の地であることを確信し、またお祀りをするときに大切な神様のお食事である神饌《みけ》を捧《ささ》げるために、伊勢は海のもの、山のものが自給自足できる土地、そして一番大切な稲が豊かに稔る豊かな地、伊勢に天照大御神を祀ることが最もふさわしいと思われたのではないでしょうか。

私は２００１年ＮＹであの９・11テロにおける、ワールドトレードセンターの崩落を目の当たりにし、さらにそれがあらゆる国籍や人種の人々が集う、ＮＹで起こったことに、二度と立ち直れないと思いました。その後テロの原因となったユダヤ、イスラム、キリスト教など神様が人類をどこに導くのかを知りたいと世界中のあらゆる聖地を巡礼し、銀座の画廊でそれらを撮影した写真の展覧会を開いた時、神宮にご縁のある方がいらして、神宮に行くことを勧められました。「式年遷宮」という言葉を聞いた途端、心の中で何かが動きました。そして神宮に生まれて初めて行った時、直感的に、神宮は人類を調和の世界に導く聖地であることを確信したのです。自然の一部として生き、祈りを毎日捧げ、その循環の世界は、未来の人類の道を示していると。そしてＮＹに戻る前にもう一度、引き寄せられるように伊勢に向かいました。すると同じタイミングで友人から、三輪山へお誘いの連絡を頂き、私は早朝、伊勢から近鉄線で奈良の桜井に向かい、タクシーで大神《おおみわ》神社に行き、そのまま狭井《さい》神社から三輪山を登拝したのです。大きな磐座《いわくら》と神秘の森の間を一生懸命に登ったその時のことは、今でも忘れることはできません。山を下って、三輪山をもう一度振り返ると、その上空に飛天のような雲が表れていました。その17年前に撮影した雲の写真は、この本の28～29ページに掲載させていただきました。今思うと、その時から何かがすでに始まったように感じています。

神宮に通い続け、気が付けば18年もの月日が経《た》っていました。いつも撮影が終わると、必ず倭姫宮に参拝し、倭姫命さまのご苦労に思いを馳《は》せて、いつも勇気を頂きながら、現在まで続けてこられたのだと思っています。

私はこの本の撮影のお話を頂いた時に、心に決めたことがあります。2000年前に倭姫命さまがご覧になられたであろう景色を撮影したいと。もちろん、それだけの時間が経っているのですから、なかなか、そのままというのは難しいでしょう。でも倭姫命さまの視点や思いに少しでも近づければと思いました。読んでくださっている方々にも、倭姫命さまの巡行の旅を一緒に体感していただけましたら幸いです。

監修・解説　石垣仁久
新訳　渡邉　卓
写真　稲田美織
装幀　山田満明
地図　マンメイデザイン
協力　角山祥道

石垣仁久（いしがき・よしひさ）

昭和37年、宮城県生まれ。國學院大學法学部卒業。同大学院文学研究科博士課程前期修了。埼玉県神社庁において神社誌の編纂と調査に従事する。その後、神宮司庁へ神職として奉職。現在は神宮禰宜、広報室長を務める。著書に『外宮さんを知るための二十のことば』など。

渡邉 卓（わたなべ・たかし）

昭和54年、福島県生まれ。國學院大學大学院文学研究科博士課程後期単位取得満期退学。博士（文学）。専門は日本上代文学、国学、神道古典。國學院大學研究開発推進機構准教授。著書に『こんなにおもしろい日本の神話』『『日本書紀』受容史研究―国学における方法』。

稲田美織（いなた・みおり）

1991年からNYに移住し、写真家として活動。ハーバード大学、イスラエル美術館、NY工科大学、コロンビア大学、国連、ブルックリン植物園、外国人特派員協会、モナコ公国日本庭園、国立東京博物館、国立ウクライナ書籍・印刷博物館など、世界各地で展覧会を開催。

旅する皇女 倭《やまと》姫《ひめの》命《みこと》
伊勢神宮のはじまり

二〇二四年一月二四日　初版第一刷発行

著　者　石垣仁久　渡邉　卓　稲田美織

発行人　五十嵐佳世
発行所　株式会社　小学館
〒一〇一-八〇〇一
東京都千代田区一ツ橋二-三-一
電話　編集〇三-三二三〇-五四三八
販売〇三-五二八一-三五五五

編　集　和阪直之
印刷所　ＴＯＰＰＡＮ株式会社
製本所　株式会社若林製本工場

Printed in Japan　ISBN978-4-09-389149-3